"나는 매일 아침에 눈을 뜨면 성령님께 지혜를 달라고 구한다."

성령님, 지혜를 주세요

김열방 김사라 민두님 지음

당신은 바보가 아닌 천재다
당신 안에 계신 예수님은 솔로몬보다 크신 분이다
그리스도 안에서 당신은 지혜로운 사람이 되었다
당신 안에 천재적인 기름 부으심이 가득하다
이 책을 읽고 천재적인 삶을 살라

날개미디어

나는 매일 성령님께 지혜를 구한다

당신은 하나님께 무엇을 구합니까?

나는 하나님께 지혜를 구했고 내가 생각한 것보다 훨씬 많은 지혜를 받았습니다. 사실 내가 처음 하나님께 지혜를 구했을 때는 단순히 공부를 잘해서 일류 대학에 가는 것인 줄 알았습니다.

1980년대에 한창 사람들의 이목을 끌었던 것이 원종수 권사님의 '서울대 수석 간증'이었습니다. 그분은 하나님께 지혜를 구해서 받았는데 그날부터 교과서를 두 번 눈으로 보기만 하면 머릿속에 모두 사진 찍듯이 찍혔고 시험을 치면 수학만 빼고 다 100점을 맞았습니다. 바닥을 치던 그의 성적은 순식간에 날아올라 전교 1등을 하게 되었고 수석으로 서울대와 의사 고시에 합격했습니다.

그의 꿈은 의사가 되는 것이었고 그것을 위한 지혜를 하나님이 주신 것입니다. 하지만 하나님의 꿈은 그를 통해 영혼을 구원하는 것이었고 그는 의사가 된 후로 많은 사람을 전도했습니다.

나도 그분의 책을 읽고 지혜를 구했습니다. 그런데 하나님께서는 내게 그분과 다른 지혜를 주셨습니다. 원종수 권사님이 교과서를 사진 찍듯이 머리에 찍어 학교 공부를 잘했다면 나는 복음으로 인해 변화된 내 삶과 깨달음을 담은 책을 써내게 하신 것입니다. 나는 지금까지 700권의 책을 썼고 그 중에서 100권을 출간했습니다.

내게 주신 하나님의 지혜는 참으로 놀랍습니다.

하나님이 솔로몬에게 주신 지혜는 단순히 학과 공부를 잘하는 것 곧 서울대, 연세대, 고려대에 수석으로 입학하고 졸업해서 박사 학위를 받고 의사나 교수가 되는 지혜가 아니었습니다.

어떤 지혜였을까요? 하나님이 맡기신 백성들을 재판하는 지혜였습니다. 솔로몬은 "듣는 마음을 종에게 주사 주의 백성을 재판하여 선악을 분별하게 해주세요"라고 구했고 이것이 하나님의 마음에 들었다고 했습니다. 성경을 자세히 읽어 보십시오.

"기브온에서 밤에 여호와께서 솔로몬의 꿈에 나타나시니라. 하나님이 이르시되 내가 네게 무엇을 줄꼬. 너는 구하라. 솔로몬이 이르되 주의 종 내 아버지 다윗이 성실과 공의와 정직한 마음으로 주와 함께 주 앞에서 행하므로 주께서 그에게 큰 은혜를 베푸셨고 주께서 또 그를 위하여 이 큰 은혜를 항상 주사 오늘과 같이 그의 자리에 앉을 아들을 그에게 주셨나이다. 나의 하나님 여호와여, 주께서 종으로 종의 아버지 다윗을 대신하여 왕이 되게 하셨사오나 종은 작은 아이라 출입할 줄을 알지 못하고 주께서 택하신 백성 가운데 있나이다.

그들은 큰 백성이라 수효가 많아서 셀 수도 없고 기록할 수도 없사오니 누가 주의 이 많은 백성을 재판할 수 있사오리이까? 듣는 마음을 종에게 주사 주의 백성을 재판하여 선악을 분별하게 하옵소서. 솔로몬이 이것을 구하매 그 말씀이 주의 마음에 든지라."(왕상 3:5~10)

하나님은 솔로몬이 구한 것보다 더 많은 지혜를 주셨습니다.

"하나님이 솔로몬에게 지혜와 총명을 심히 많이 주시고 또 넓은 마음을 주시되 바닷가의 모래 같이 하시니 솔로몬의 지혜가 동쪽 모든 사람의 지혜와 애굽의 모든 지혜보다 뛰어난지라. 그는 모든 사람보다 지혜로워서 예스라 사람 에단과 마홀의 아들 헤만과 갈골과 다르다보다 나으므로 그의 이름이 사방 모든 나라에 들렸더라. 그가 잠언 삼천 가지를 말하였고 그의 노래는 천다섯 편이며 그가 또 초목에 대하여 말하되 레바논의 백향목으로부터 담에 나는 우슬초까지 하고 그가 또 짐승과 새와 기어다니는 것과 물고기에 대하여 말한지라. 사람들이 솔로몬의 지혜를 들으러 왔으니 이는 그의 지혜의 소문을 들은 천하 모든 왕들이 보낸 자들이더라."(왕상 4:29~34)

왜 우리에게 하나님의 지혜가 필요한 걸까요?

하나님이 주신 꿈을 이루기 위해서입니다. 우리가 예수를 구주로 믿으면 성령을 받게 되는데, 성령님은 '하나님의 꿈'을 주십니다.

하나님의 꿈은 인간의 육신적인 힘과 지혜로 이룰 수 없고 오직 성령님의 능력과 지혜로만 이룰 수 있습니다.

하나님의 꿈은 잃은 영혼을 구원하는 것이며, 성령 받은 우리가 온 천하에 다니며 만민에게 복음을 전함으로 이루어집니다. 이 꿈은 이 세상에서 없어질 통치자들의 지혜로는 이룰 수 없습니다.

사도 바울은 "그러나 우리가 온전한 자들 중에서는 지혜를 말하노니 이는 이 세상의 지혜가 아니요 또 이 세상에서 없어질 통치자들의 지혜도 아니요 오직 은밀한 가운데 있는 하나님의 지혜를 말하는 것으로서 곧 감추어졌던 것인데 하나님이 우리의 영광을 위하여 만세 전에 미리 정하신 것이라. 이 지혜는 이 세대의 통치자들이 한 사람도 알지 못하였다"(고전 2:6~8)고 말했습니다.

이러한 하나님의 지혜는 오직 성령으로만 알 수 있으므로 우리는 반드시 성령님께 도움을 구해야 합니다. 어떤 사람들은 "성령님이 뭐 그리 중요하고 대단하다고 자꾸 성령님을 찾아"라고 하는데 성령님이 누구신지 몰라서 그러는 것입니다. 성령님은 누구실까요?

성령님은 '내 안에 살아 계신 하나님'이십니다.

"만일 알았더라면 영광의 주를 십자가에 못 박지 아니하였으리라. 기록된 바 하나님이 자기를 사랑하는 자들을 위하여 예비하신 모든 것(가장 고상한 지식 곧 복음, 예수 그리스도와 그가 십자가에 못 박히신 것을 통해 주시는 하나님의 풍성한 선물)은 눈으로 보지 못하고 귀로 듣지 못하고 사람의 마음으로 생각하지도 못하였다 함과 같으니라. 오직 하나님이 성령으로 이것을 우리에게 보이셨으니 성령은 모든 것 곧 하나님의 깊은 것까지도 통달하시느니라."(고전 2:8~10)

하나님은 모든 사람에게 "지혜를 구하라"고 말씀하셨습니다.

"너희 중에 누구든지 지혜가 부족하거든 모든 사람에게 후히 주시고 꾸짖지 아니하시는 하나님께 구하라. 그리하면 주시리라."(약 1:5)

하나님이 주신 꿈을 이루기 위해서는 반드시 하나님의 지혜(말씀을 깨닫는 것과 세미한 음성)와 하나님의 능력(기름 부으심과 각양 은사들)이 필요하며 이것을 위해 성령님이 오셨습니다.

성령님은 아버지의 영이며 예수의 영입니다. 하나님이 주신 모든 꿈은 인간의 땀과 피와 눈물이 아닌 오직 성령님이 이루십니다.

성령이 임한 사람에게는 하나님의 꿈, 하나님의 지혜, 하나님의 능력이 강물처럼 흐르게 됩니다. 날마다 가슴이 설레고 행복하며, 불타는 소원과 열정이 생기고 창조적인 일을 시도하게 됩니다.

당신에게는 어떤 꿈이 있습니까? 하나님이 주신 꿈을 소중히 여기고 간직하십시오. 그리고 그 꿈을 이루기 위해 인간적인 방법과 프로그램, 고행과 도를 닦는 것을 다 내려놓고 항복하십시오.

나는 매일 아침에 이렇게 기도합니다.

"성령님, 오늘도 항복하게 해주세요."

당신이 항복할 때 하나님이 마음껏 일하십니다.

하나님의 꿈은 하나님이 이루십니다. "일을 행하시는 여호와, 그것을 만들며 성취하시는 여호와, 그의 이름을 여호와라 하는 이가 이와 같이 이르시도다."(렘 33:2) 하나님의 꿈은 하나님의 지혜와 힘으로 이루어지며, 이것을 가지고 당신 안에 오신 분이 바로 성령님이십니다. 성령님은 전지전능하신 하나님이십니다.

나는 내 힘으로 할 수 있는 것이 아무것도 없기 때문에 성령님을 의지합니다. 나는 성령님과 함께 그동안 내게 필요한 모든 것을 구하고 하나씩 다 받았습니다. 당신도 이 책을 읽고 하나님의 초자연적인 힘과 지혜, 공급하심을 구하고 받아 누리기 바랍니다.

하나님께 기도하며 구하지 않는 사람은 자기 힘으로 다 할 수 있다고 생각하는 교만한 사람입니다. 그들은 자기 육신의 힘으로 이룰 수 있을 정도의 작은 꿈만 꿉니다. 그리고 육신의 힘으로 이루려고 자신의 피와 땀과 눈물을 흘리며, 또 주위 사람들의 피와 땀과 눈물을 동원합니다. 거기에는 효율만 있을 뿐 인격적인 존중은 없습니다. 그런 육신의 사람이 되지 말고 영의 사람이 되십시오.

육신의 생각은 사망입니다. 육신의 생각은 하나님과 원수가 됩니다. 육신의 생각은 하나님을 기쁘시게 할 수 없습니다. 영의 생각을 하는 영의 사람이 되십시오. 영의 생각은 생명과 평안입니다.

당신의 영 안에 하나님의 꿈을 잉태하고 한 번 기도하고 구한 것은 받았다고 믿고 조금도 의심하지 마십시오. 그리고 영의 기도와 영의 생각을 하면서 행복하게 사십시오. 성령님을 의지하면 성령의 나타남을 통해 하나님이 당신에게 주신 꿈이 하나씩 다 이루어질 것입니다. 10년이 걸리든, 100년이 걸리든 상관 말고 오직 성령님만 의지하십시오. 조금도 염려하거나 조바심을 갖지 마십시오.

성령님을 의지하면 그분이 어느 날 하루 만에 모든 꿈과 소원을 이루어 주시고 당신이 수십 년간 고민한 문제를 해결해 주십니다.

꿈과 소원이 더디 이루어진다고 근심하지 마십시오.

성령님은 없는 것을 있는 것처럼 불러내시는 창조주 하나님이십니다. 자나 깨나 오직 성령님만 사랑하고 의지하십시오. 인생은 처음부터 끝까지 오직 성령님입니다. 나는 그렇게 살아왔습니다.

성령님이 모든 꿈을 이루십니다. '오직 성령'을 기억하십시오.

"오직 성령이 너희에게 임하시면 너희가 권능을 받고 예루살렘과 온 유대와 사마리아와 땅 끝까지 이르러 내 증인이 되리라."(행 1:8)

이 책을 읽고 성령님께 지혜를 구하십시오. 하나님의 지혜 곧 천재적인 기름 부으심이 당신 안에 강물처럼 흐르게 될 것입니다.

당신을 축복합니다.

2022년 3월 1일

잠실에서 김열방 목사

성령님, 저에게도 지혜를 주세요

당신은 하나님께 지혜를 구한 적이 있습니까?

나는 20세에 길을 걷다가 성령의 강한 임재를 체험하고 동네에 있는 교회로 달려 들어가 뜨거운 눈물을 쏟으며 회개했습니다. 그때 하나님께 세 가지를 구했는데 '거룩한 삶과 방언과 지혜'입니다.

"하나님, 제 힘으로는 거룩한 삶을 살 수 없습니다. 제 눈과 손과 발과 입술과 마음과 온몸과 의지를 다스려 주세요. 죄를 이기고 거룩한 삶을 살게 해주세요. 제 모든 것을 내려놓고 항복합니다."

"하나님, 제 힘으로는 기도할 수 없습니다. 제가 하루 종일 마음껏 기도할 수 있도록 방언의 은사를 주세요."

"하나님, 제 힘으로는 성공할 수 없고 올바른 판단을 할 수 없습니다. 솔로몬에게 지혜를 주신 것처럼 저에게도 지혜를 주세요."

기도 응답이 내 인생을 바꾸었다

나는 이 세 가지를 모두 응답받았습니다.

첫째, 나는 성령님의 도우심으로 죄를 이기고 거룩한 삶을 살고 있습니다. 거룩한 삶은 육신의 힘으로는 불가능하며 오직 성령의 힘으로만 가능합니다. 성령님을 의지하면 죄가 마음에 아예 안 떠오르게 해주십니다. 당신도 성령님께 도움을 구하기 바랍니다.

"성령님, 오늘도 거룩한 삶을 살게 해주세요."

둘째, 나는 방언으로 기도하기 때문에 매일 오래 기도합니다.

당신이 방언에 대해 어떻게 생각하는지 모르지만 나는 성경에 근거해 방언을 아주 귀한 은사로 여깁니다. 내가 방언으로 기도하지 않았을 때는 1분도 기도하기 어려웠고 종이에 기도 내용을 적고 또박또박 한 줄씩 읽어야 했습니다. 하지만 지금은 방언으로 기도하기 때문에 하루 종일 기도해도 끝도 없이 기도가 흘러나옵니다.

나는 내 안에서 흘러나오는 생수의 강을 따라 방언으로 오래 기도하기 때문에 하루에 한 시간에서 여덟 시간 정도 기도하며 열 시간 기도할 때도 있습니다. 당신도 기도에 푹 잠겨 보기 바랍니다.

바울은 "내가 만일 방언으로 기도하면 나의 영이 기도하거니와"(고전 14:14)라고 했습니다. 방언은 영의 기도입니다. 영의 기도는 육신의 기도나 마음의 기도보다 억만 배나 좋습니다. 바울은 "내가 너희 모든 사람보다 방언을 더 말하므로 하나님께 감사하노라"고 말하며 방언을 많이 말하는 것에 대해 당당하게 생각했습니다.

방언 기도하는 것을 부끄럽게 여기지 말고 당당하십시오.

"방언을 말하는 자는 자기의 덕을 세운다"(고전 14:4)고 했는데 여기서 덕은 '받은 은혜'를 의미합니다. 그러므로 이 말은 '받은 은혜를 일으켜 세운다'는 의미입니다. 내가 방언을 많이 말하면 내 안에 계신 성령님의 기름 부으심이 거인처럼 일어나는 것을 느낍니다. 내 영의 키가 골리앗보다 더 크게 느껴집니다. 방언으로 기도할 때 크신 성령님이 나를 통해 나타나시며, 나는 이렇게 말하게 됩니다.

"크신 성령님, 작은 문제들, 하루 만에 다 해결된다."

셋째, 나는 하나님께 초자연적인 지혜를 받았습니다.

이 지혜는 단순히 학과 공부를 잘해서 일류 대학에 들어가는 수재나 사업을 잘하는 영재의 지혜가 아닌 모든 것을 하나님의 마음으로 이해하고 분별하는 지혜입니다. 나는 29세 때부터 지금까지 100권이 넘는 책을 써냈는데, 어떻게 그것이 가능했을까요? 내 안에서 천재적인 지혜가 강물처럼 흘러나오기 때문이며, 성령님을 통해 하나님의 말씀을 날마다 풍성히 깨닫고 정립하기 때문입니다.

나는 노트북을 열고 자판에 손가락을 얹으면 책을 쓸 내용이 홍수처럼 끝도 없이 쏟아져 나옵니다. 한 번 책상에 앉으면 5~10시간 동안 계속 자판을 두드립니다. 아내도 나를 보면서 신기해합니다.

"당신은 어쩜 그렇게 끝도 없이 책 쓸 내용이 나와요?"

책을 쓰는 내 책상 위에는 노트북 외에는 아무것도 없습니다.

나는 책을 쓰기 위해 산더미 같은 자료를 보며 짜깁기하지 않습니다. 내가 이렇게 많은 책을 쓰는 힘은 성령님께로부터 옵니다.

책 쓰기는 다른 어떤 일보다 중요하고 우선됩니다.

"책에 써서 후세에 영원히 있게 하라."(사 30:8)

나는 사람들에게 "성공하려면 끝에서부터 시작하라. 모든 성공의 끝은 책이다. 책부터 먼저 써내고 다른 일을 하라"고 권합니다.

"책은 내 대신 전국과 세계를 다니며 전도하고 선교하고 상담하고 가르치고 제자 삼고 수많은 인생을 바꿉니다. 책을 한 권 써내는 것은 내 대신 목숨 걸고 복음을 전하는 선교사 수천 명을 파송하는 것과 같습니다. 책을 써내는 것은 박사 학위 100개보다 낫고 가문의 영광입니다. 책으로 전도하고 선교하세요." 김열방

당신도 나처럼 책 쓰기에 대한 꿈을 가지고 성령님께 지혜를 구하기 바랍니다. 책 쓰기는 성령님의 초자연적인 힘과 지혜를 통해 이뤄집니다. 매일 아침 눈을 뜨면 성령님께 도움을 구하십시오.

"성령님, 오늘도 책을 쓰고 출간하게 해주세요."

나는 생수의 강을 따라 종일 기도한다

당신은 기도 생활을 어떻게 하고 있습니까?

나는 종일 기도를 많이 합니다. 마음 곧 한국말로도 기도를 많이 하지만 영의 기도인 방언으로도 기도를 많이 합니다. 방언으로 기도하면 내 혀와 영이 신이 나서 덩실덩실 춤을 춥니다.

당신도 방언을 받았습니까? 어릴 때 방언을 받아 놓고 그 후로

사용하지 않는 사람이 많습니다. 성령의 나타남인 방언에 하나님이 큰 가치를 부여하셨다는 것을 알고 방언을 많이 말해야 합니다.

방언은 영의 기도입니다. 영의 기도를 할 때는 마음으로 다른 생각과 일을 함께 할 수 있어서 좋습니다. 나는 지금도 찬양을 틀어 놓고 방언을 말하면서 이 책을 쓰고 있습니다. 방언은 영의 기도이기 때문에 책을 쓰는 내 마음에 아무런 방해를 받지 않습니다. 방언을 말하면 영이 강해지므로 책 쓰기가 쉬워집니다. 방언을 말하면서 책을 쓰면 피곤하거나 힘들지 않습니다. 피아노를 치듯이, 춤을 추듯이 즐겁게 책을 쓰게 됩니다. 당신도 한 번 시도해 보십시오.

나는 방언을 말하면서 책을 쓰고, 책을 쓰면서 방언을 말합니다.

사실 나는 책 쓸 때만 아니라 다른 일도 그렇게 하고 있습니다. 나는 설거지할 때도 기도하고 기도할 때 설거지를 합니다. 차를 닦을 때도 기도하고 기도하면서 차를 닦습니다. 혼자 산책할 때도 방언을 말하고 드라이브할 때도 방언을 말하고 책을 읽을 때도 방언을 말합니다. 방언은 피곤한 몸과 마음에 안식과 상쾌함을 줍니다.

"그러므로 더듬는 입술과 다른 방언으로 그가 이 백성에게 말씀하시리라. 전에 그들에게 이르시기를 이것이 너희 안식이요 이것이 너희 상쾌함이니 너희는 곤비한 자에게 안식을 주라 하셨으나 그들이 듣지 아니하였으므로……."(사 28:11~12)

아직 방언을 받지 못했다면 사모하고 구하십시오. 지금 당장 목사님에게 찾아가서 방언을 받고 싶다며 안수해 달라고 부탁하십시오. 주의 종이 안수할 때 즉시 성령의 강한 나타남이 있습니다.

한 독자는 40일 금식 기도를 했는데 아무런 일이 일어나지 않자 내 책을 읽고 안수 받겠다고 나를 찾아왔습니다. 내가 손을 얹자 1분 만에 성령의 나타남이 있게 되었고 방언을 말하기 시작했습니다.

그와 함께 온 친구가 크게 놀랐고 그의 아내가 말했습니다.

"어떻게 이런 일이 있을 수 있나요? 너무 신기해요."

방언만 아니라 다른 은사도 풍성하기를 구하십시오.

"그러므로 너희도 영적인 것을 사모하는 자인즉 교회의 덕을 세우기 위하여 그것이 풍성하기를 구하라."(고전 14:12)

하나님은 내게 '지혜의 말씀의 은사'도 주셨습니다.

나는 원래 한마디도 설교하지 못하는 말더듬이였습니다.

아버지는 밥상머리에서 나를 꾸짖으며 말했습니다.

"말을 더듬지 말고 또박또박 알아듣게 말해라."

그랬던 내가 지혜의 말씀의 은사를 통해 마음껏 두꺼운 책을 쓰고 또박또박한 말투로 60분, 120분, 끝도 없이 설교합니다. 나는 다른 어떤 사람들보다 쉽게 책을 쓰고 쉽게 설교합니다. 이것은 내 힘이 아닌 성령님의 힘입니다. 하루는 이런 생각이 들었습니다.

'내가 만일 지혜의 말씀을 안 받았다면 어떻게 되었을까?'

정말 끔찍한 일입니다. 아마 설교하는 게 큰 부담이 되고 한 편의 설교를 준비할 때마다 인간적인 힘과 방법을 모두 동원해야 했을 것입니다. 지혜의 말씀을 받지 않은 사람들이 어떻게 주일 설교를 준비하는지 알면 당신은 충격을 받을 것입니다. 그들은 대부분 주일 설교가 끝나면 월요일 하루는 어쨌든 쉬고 화요일부터 토요일까지 다음 주일 설교 때문에 마음을 졸입니다. 하지만 나는 성령의 나타남으로 설교하기 때문에 설교가 즐겁고 쉽습니다.

내가 방언으로 기도하면서 성경책을 보면 성경 말씀이 살아 움직이고 전체적인 깨달음이 한눈에 들어옵니다. 너무 신기합니다.

그렇게 성경 내용이 깨달아지면 '천재적인 의사 전달의 일곱 가지의 원리'에 따라 마이크를 쥐고 원고 없이 말씀을 전합니다.

나는 설교를 잘하려고 애쓰지 않습니다.

하나님의 말씀을 통해 '예수 그리스도 복음'을 전할 뿐입니다.

바울은 설교할 때 오직 예수 그리스도와 그가 십자가에 못 박히신 것 외에는 아무것도 알지 않기로 작정했다고 했습니다.

"형제들아, 내가 너희에게 나아가 하나님의 증거를 전할 때에 말과 지혜의 아름다운 것으로 아니하였나니 내가 너희 중에서 예수 그리스도와 그가 십자가에 못 박히신 것 외에는 아무것도 알지 아니하기로 작정하였음이라."(고전 2:1~2)

하나님의 종은 사람의 지혜나 이 세상의 지혜, 이 세상에서 없어질 통치자들의 지혜로 설교하지 말고 오직 하나님의 능력으로 설교해야 합니다. 설교를 잘하려고 애쓰지 마십시오. 오직 성령을 힘입어 복음만 전하십시오. 잡다한 철학과 신화, 다른 사람의 설교와 예화를 짜깁기한 것이 아닌 오직 하나님의 말씀 곧 복음만 전하십시오. 성령을 힘입어 복음을 전하면 설교 시간이 행복해집니다.

"성령의 나타남을 통해 설교하면 쉽다."

이처럼 하나님은 초자연적인 힘과 지혜를 주시므로 그분의 꿈을 이루십니다. 당신도 성령의 나타남을 사모하고 구하기 바랍니다.

"각 사람에게 성령을 나타내심은 유익하게 하려 하심이라. 어떤 사람에게는 성령으로 말미암아 지혜의 말씀을, 어떤 사람에게는 같은 성령을 따라 지식의 말씀을, 다른 사람에게는 같은 성령으로 믿음을, 어떤 사람에게는 한 성령으로 병 고치는 은사를, 어떤 사람에게는 능력 행함을, 어떤 사람에게는 예언함을, 어떤 사람에게는 영들 분별함을, 다른 사람에게는 각종 방언 말함을, 어떤 사람에게는 방언들 통역함을 주시나니 이 모든 일은 같은 한 성령이 행하사 그의 뜻대로 각 사람에게 나누어 주시는 것이니라."(고전 12:7~11)

성령님과 함께하면 모든 것이 쉽다

당신은 지금까지 살면서 무엇이 가장 어렵다고 생각됩니까?

내게는 어려운 일이 하나도 없습니다. 내 힘으로 하지 않고 성령님을 의지하기 때문입니다. 성령님과 함께하면 모든 것이 쉽습니다.

하나님은 내게 재물 얻을 능력도 주셨습니다. 돈 버는 것도 쉽고 사람들을 만나 상담하고 코치하는 것도 쉽습니다. 성령님과 함께라면 세상에 어려운 일이 하나도 없고 다 쉽습니다. 이처럼 영의 사람들은 모든 일을 성령님과 함께 하기 때문에 쉽다고 생각합니다. 하지만 육신의 사람들은 전혀 다르게 생각하고 말합니다.

"인생은 오롯이 혼자서 버티고, 육신의 힘으로 모든 문제에 부딪히며 스스로가 다 감당해야 한다. 지금은 성경에 나오는 모든 은사와 치유와 기적이 중단되었다. 그런 것은 그 당시에 메시아를 드러내기 위해 하나님이 일시적으로 주신 것에 불과하다. 지금은 그런 하찮은 것들이 다 필요 없다. 지금 우리 인생에 부딪히는 모든 문제는 윤리적인 깨달음과 내면의 성숙을 얻기 위한 것일 뿐이지 예수님이 지금도 기적과 치유를 행하신다는 생각을 가지면 안 된다. 암에 걸리면 그냥 아픔을 참고 견디다가 죽으면 된다. 방언 같은 것은 없다. 성령의 모든 은사들, 초자연적인 치유와 축사와 공급의 기적들은 더 이상 필요 없다. 하나님은 그런 것에 관심이 전혀 없다."

인생을 육신의 힘으로 살아야 한다는 것입니다. 과연 그럴까요?

아닙니다. 예수 그리스도는 어제나 오늘이나 영원토록 동일하신 분입니다. 그분이 어제 기적을 행하셨으면 오늘도 기적을 행하십니다. 어제 치유하셨으면 오늘도 치유하십니다. 어떤 사람도 자기가 가진 지식과 육신의 기준으로 예수님을 제한하면 안 됩니다.

한 사람이 매우 교만한 태도로 주위 사람들을 함부로 판단하는 것을 보고 내 마음이 무척 아팠던 적이 있는데, 그때 주님께서 그 사람에게서 멀리 떠나라고 하시며 이렇게 설명해 주셨습니다.

"아들아, 그 사람을 이해하라. 그 사람이 어릴 때부터 그렇게 배워 왔기 때문에 그렇다. 그때 틀이 만들어졌고 그 이후로도 수많은 책을 읽으면서 그 틀을 점점 더 굳혔다. 지식은 사람을 교만하게 한다. 교만한 사람은 모든 사람을 자기 아래로 낮춰 보기 때문에 그들을 존중하는 표현을 쓰지 않는다. 교만한 사람은 하나님과 하나님의 말씀도 낮춰서 해석한다. 그 사람의 입에서 나오는 말은 모두 자기 자신을 판단하는 말이다. 그런 육신의 사람과는 어울리지 마라."

영의 사람으로 살려면 육신의 사람에 대해 단호한 태도를 취해야 합니다. 어떻게 하면 될까요? '거차함가말자잘' 해야 합니다.

"거절하기, 차단하기, 함께 있지 않기, 가만히 두기, 말을 걸지 않기, 자기 인생이라고 여기기, 잘해 주지 않기" 등입니다.

그런 사람은 모세가 광야에서 장인의 양을 친 것처럼 40년 정도 혼자 가만 두어야 합니다. 그렇게 가만 두면 언젠가 깨어지는 날이 옵니다. 그에게 잘 보이려고 다가가 말을 걸지 말아야 합니다. 말을 걸면 자기가 잘난 줄 알고 자꾸 육신의 지식을 떠벌립니다. 조금 잘해 주면 자기가 대단한 줄로 착각하고 계속 육신의 일을 전염시킵니다. 미련한 자는 당신이 아무리 충고해도 바뀌지 않습니다.

"미련한 자를 곡물과 함께 절구에 넣고 공이로 찧을지라도 그의 미련은 벗겨지지 아니하느니라."(잠 27:22)

사도 바울은 육신의 생각에 대해 이렇게 말했습니다.

"육신의 생각은 사망이다. 육신의 생각은 하나님과 원수가 된다. 육신의 생각은 하나님을 기쁘시게 할 수 없다."(롬 8:6~8)

당신은 영의 사람으로 생명의 길을 걷고 하나님과 친밀하게 지내며 하나님을 기쁘시게 하기 바랍니다. 이것이 영의 지혜입니다.

당신 안에 하나님의 영광이 가득합니다.

성령님, 천재적인 지혜를 나타내 주세요

당신은 천재적인 지혜에 대해 아십니까?

천재적인 지혜는 수재와 영재의 지혜와는 차원이 다릅니다.

수재는 학과 공부를 잘하는 것이고, 영재는 탁월한 재주를 발휘하는 것이며, 천재는 창조적인 능력을 발휘하는 것입니다.

나는 천재적인 지혜를 구했고 받았습니다. 그래서 100권이 넘는 책을 써냈고 전국과 세계를 다니며 코칭과 강연을 하고 있습니다.

그 후에 하나님은 내게 수재와 영재의 지혜에 대한 미련을 버리라고 하셨습니다. 손에 쟁기를 잡고 뒤를 돌아보지 말라는 것입니다. 과거에 얻지 못한 어떤 것에 대한 미련을 갖지 말아야 합니다.

사람마다 미련을 갖는 것이 있습니다. 곧 하나님이 허락하지 않은 인간적인 돈, 명예, 권세, 건물, 학벌, 숫자, 사람, 땅, 경험 등입니다. 당신이 가지려는 돈, 명예, 권세, 건물, 학벌, 숫자, 사람, 땅, 경험 등이 잘못되었다는 말이 아닙니다. 하나님이 당신에게 허락하시고 그분의 은혜로 쉽게 주시는 것들에 대해서는 괜찮습니다. 그렇지 않은 것은 육신의 생각으로 미련을 갖지 말고 다 내려놓아야 합니다. 예수님은 제자들에게 "하나님 나라를 위해 최고를 선택하라. 그리고 조금도 뒤를 돌아보지 마라"고 말씀하셨습니다.

"무릇 내게 오는 자가 자기 부모와 처자와 형제와 자매와 더욱이 자기 목숨까지 미워하지 아니하면 능히 내 제자가 되지 못하고 누구든지 자기 십자가를 지고 나를 따르지 않는 자도 능히 내 제자가 되지 못하리라. 너희 중의 누가 망대를 세우고자 할진대 자기의 가진 것이 준공하기까지에 족할는지 먼저 앉아 그 비용을 계산하지 아니하겠느냐? 그렇게 아니하여 그 기초만 쌓고 능히 이루지 못하면 보는 자가 다 비웃어 이르되 이 사람이 공사를 시작하고 능히 이루지 못하였다 하리라. 또 어떤 임금이 다른 임금과 싸우러 갈 때에 먼저 앉아 일만 명으로써 저 이만 명을 거느리고 오는 자를 대적할 수 있을까 헤아리지 아니하겠느냐? 만일 못할 터이면 그가 아직 멀리 있을 때에 사신을 보내어 화친을 청할지니라. 이와 같이 너희 중의 누구든지 자기의 모든 소유를 버리지 아니하면 능히 내 제자가 되지 못하리라." (눅 14:26~33)

예수님을 따르는 것은 육신의 힘으로 안 됩니다.
성령님께 도움을 구해야 합니다. 이렇게 말씀드리십시오.
"성령님, 주님의 음성을 따라 최고를 선택하고 뒤를 돌아보지 않게 해주세요. 조금도 미련을 갖지 않게 해주세요. 부탁합니다."

일류대학교에 대한 미련을 버려라

일류대학교에 대한 미련을 가진 사람이 많습니다.

나도 그런 미련이 남아 있었고 오랫동안 버리지 못했는데, 그 미련이 가끔 꿈틀거리며 내 머리 위로 올라와 나를 괴롭혔습니다.

나는 고등학교 시절에 서울대학교를 진학하려고 준비했습니다.

나는 어릴 때부터 그림을 아주 잘 그렸고 중학교 때는 만화가가 되려고 한국에서 손꼽는 만화가 선생님에게 문하생 지원을 했는데 그분이 내 그림을 보고는 즉시 서울에서 내려와 나를 데려가겠다고 했습니다. 그때 "지금은 안 된다. 일단 중학교라도 졸업한 다음에 만화가의 길을 가라"는 부모님의 완고한 반대로 못 갔습니다.

고등학교 때는 전국에서 손꼽을 정도로 그림을 잘 그렸습니다.

미술학원에서도 '서울대 지망생'으로 내 그림이 학원 홍보지와 학원 안의 벽에 걸려 있었습니다. 많은 학생들이 내 그림이 매력적이라고 칭찬했는데 누군가 학원에 전시된 내 그림을 훔쳐 갔습니다.

그때 내 꿈은 서울대학교를 졸업하고 도쿄대학, 하버드대학을 유학한 후에 박사 학위를 받고 대학교수가 되든지, 아니면 세계적인 디자이너가 되어 백화점 인테리어 디자인, 양복과 넥타이와 구두 디자인, 고급 시계와 스포츠카 디자인 등을 멋지게 하는 것이었습니다. 그러던 어느 날 나는 길을 걷다가 성령님을 만났습니다.

내게 성령이 임하자 즉시 온몸으로 흐느껴 울며 회개하게 되었고 내 입에서는 알지 못하는 아름다운 방언이 "셀라드리 셀라드리" 하며 강물처럼 흘러나왔습니다. 그때 나는 항복하는 기도를 했습니다.

"하나님, 제 힘으로는 거룩한 삶을 살아 갈 수 없습니다. 제 눈과 손과 발과 입술과 마음과 온몸과 의지를 성령님께 드립니다. 성령님께서 저를 다스려 주시고 제가 거룩한 삶, 능력 있는 삶을 살게 해주세요. 저는 항복합니다. 제 모든 것을 내려놓습니다."

그날 이후로 내 인생은 완전히 바뀌었습니다.

하나님께서 내 마음에 새로운 꿈을 주셨습니다.

'아들아, 너는 전 세계의 수많은 영혼들을 복음으로 디자인하는 영혼의 디자이너가 되어라.'

그 음성을 따라 나는 그림 그리던 연필과 붓을 버렸고 다시는 그림을 그리지 않겠다고 결심했습니다. 세계적인 디자이너가 되겠다는 꿈을 내려놓았습니다. 그리고 나는 미술대학이 아닌 신학교에 진학했고 전국과 세계를 다니며 복음을 전하는 주의 종이 되었습니다. 또한 이렇게 복음을 담은 책도 많이 써내게 되었습니다.

하루는 이른 새벽에 하나님께 엎드려 지혜를 구했습니다.

"하나님, 저에게도 지혜를 주세요."

그러자 즉시 하나님의 음성이 들렸습니다.

'아들아, 내가 너에게 지혜를 주었다. 받은 줄로 믿어라.'

하지만 그 음성을 들은 즉시 내 머리가 시원해지거나 엄청난 기억력과 이해력이 생기는 등, 내가 생각했던 '공부를 잘하는 지혜'가 나타나지는 않았습니다. 사실 공부 잘하는 지혜는 수재와 영재의 지혜입니다. 그때 하나님은 내가 구한 '수재와 영재의 지혜'보다 더 크고 좋은 '천재와 영적 천재의 지혜'를 주셨습니다.

'아들아, 받은 줄로 믿고 조금도 의심하지 마라. 그리고 너 자신

에 대해 바보라고 말하지 말고 천재라고 말해라.'

천재는 남이 써 놓은 책을 외우는 것이 아닌 자신의 삶과 깨달음을 담아 책을 써내는 사람입니다. 영적 천재는 영의 세계인 하나님의 말씀을 깨닫고 그것을 정립하고 책으로 써내는 사람입니다.

그 후에 나는 성령에 사로잡혀 밤낮 골방과 교회에 엎드려 하루에 한 시간에서 일곱 시간 정도를 꾸준히 기도했습니다.

23세에 군대에 가서는 매일 한 구절씩 성경을 암송하여 1,000구절을 내 마음에 새겼고, 혼자 앉아 많은 책을 읽으며 성경공부를 했습니다. 그때 종일 작은 소리로 읊조리며 암송한 하나님의 말씀은 나를 노인과 스승과 원수보다 더 지혜롭게 했습니다.

"내가 주의 법을 어찌 그리 사랑하는지요. 내가 그것을 종일 작은 소리로 읊조리나이다. 주의 계명들이 항상 나와 함께 하므로 그것들이 나를 원수보다 지혜롭게 하나이다. 내가 주의 증거들을 늘 읊조리므로 나의 명철함이 나의 모든 스승보다 나으며 주의 법도들을 지키므로 나의 명철함이 노인보다 나으니이다."(시 119:97~100)

사람들은 세상 학문을 많이 공부하고 외우면 지혜로운 줄로 착각합니다. 그렇지 않습니다. 수많은 공무원, 대기업 직원, 은행원, 학교 선생님과 대학교수들은 자신이 엄청 똑똑한 줄 알지만 퇴직한 후에 사업한다며 일을 벌였다가 수십 년간 직장을 다니면서 번 돈을 한순간에 다 잃는 경우가 많습니다. 학교 공부에 대한 지식은 많은데 성공적인 사업 경영에 대한 지혜가 부족해서 그렇습니다.

지금은 백과사전이나 어학 사전, 전문 분야에 대한 지식이 인터

넷에 공개되어 있어서 자신이 원하는 지식과 정보는 검색창에서 찾으면 거의 다 나오기 때문에 그런 지식만으로는 성공할 수 없습니다. 지식보다 지혜가 더 큰 힘을 발휘하는 시대가 되었습니다.

"오직 지혜는 성공하기에 유익하니라."(전 10:10)

지혜는 하나님의 말씀과 성령님의 세미한 음성을 통해서 옵니다.

하나님의 말씀에는 어떤 힘이 있을까요? 아홉 가지입니다.

"여호와의 율법은 완전하여 영혼을 소성시키며, 여호와의 증거는 확실하여 우둔한 자를 지혜롭게 하며, 여호와의 교훈은 정직하여 마음을 기쁘게 하고, 여호와의 계명은 순결하여 눈을 밝게 하시도다. 여호와를 경외하는 도는 정결하여 영원까지 이르고, 여호와의 법도 진실하여 다 의로우니 금 곧 많은 순금보다 더 사모할 것이며 꿀과 송이꿀보다 더 달도다. 또 주의 종이 이것으로 경고를 받고 이것을 지킴으로 상이 크니이다."(시 19:7~11)

첫째, 하나님의 말씀은 내 영혼을 살립니다.

둘째, 하나님의 말씀은 나를 지혜롭게 합니다.

셋째, 하나님의 말씀은 내 마음을 기쁘게 합니다.

넷째, 하나님의 말씀은 내 눈을 밝게 합니다.

다섯째, 하나님의 말씀은 영원히 흔들리지 않게 합니다.

여섯째, 하나님의 말씀은 많은 금보다 가치가 있습니다.

일곱째, 하나님의 말씀은 꿀보다 더 달콤합니다.

여덟째, 하나님의 말씀은 주의 종을 코치합니다.

아홉째, 하나님의 말씀은 지키면 많은 상을 받습니다.

하나님의 말씀인 성경책을 세상의 어떤 학문적인 책이나 문학적인 책보다 더 사랑하기 바랍니다. 하나님의 말씀을 통독하고 암송하고 공부하기 바랍니다. 이것이 지혜와 성공을 얻는 비결입니다.

우둔한 내 인생을 지혜롭게 바꾼 것은 바로 이것입니다.

"하나님과 하나님의 말씀이 내 안에 살아 있다."

허망한 것에 대한 미련을 버려라

당신은 허망한 것에 대한 미련을 갖고 있지 않습니까?

나는 20세부터 성령님을 인격적으로 존중히 모시며 그분과 사랑과 우정의 친밀한 교제를 나누기 시작했습니다.

하나님의 마음에 합한 왕 다윗도 그랬습니다. "다윗이 그를 가리켜 이르되, 내가 항상 내 앞에 계신 주를 뵈었음이여 나로 요동하지 않게 하기 위하여 그가 내 우편에 계시도다."(행 2:25)

나는 아침에 일어나면 성령님께 인사를 드렸습니다.

"성령님, 안녕하세요? 오늘도 행복한 날입니다. 성령님께서 저와 함께 계시니 얼마나 기쁜지 모릅니다. 오늘도 저를 인도해 주세요."

그렇게 성령님과 함께 깊은 애정을 나누며 복음전도자로 살아왔는데, 어느 날인가 내 마음 속에 미련이 생기기 시작했습니다.

"내게는 그림을 그리는 탁월한 재능이 있는데, 지금이라도 내가 서울대학교에 진학하면 어떨까? 아니면 하버드대학은 어떨까?"

나는 하나님이 주신 지혜가 가득하기 때문에 서울대학교든, 하버드대학교든 쉽게 합격할 수 있을 거란 생각이 들었습니다. 길을 걸을 때도, 카페에 앉아 책을 읽을 때도 그런 생각이 문득문득 들었습니다. '내가 어렸을 때 이루지 못한 꿈을 지금이라도 시도해 보면 어떨까?'라는 생각에 사로잡혀 조금씩 머리를 굴렸습니다.

그런데 하루는 주님께서 내게 놀라운 깨달음을 주셨습니다.

'아들아, 지나간 일과 사람에 대해, 네가 얻지 못한 부분적이고 작은 것들에 대해 조금도 미련을 갖지 마라. 나는 너를 최고의 길 곧 복음전도자로 불렀다. 나는 너를 책을 외우고 시험치고 학위를 받는 수재의 길이 아닌 책을 써내고 코치하며 수많은 일꾼을 세우는 천재의 길로 불렀다. 너는 왜 사도 바울이 배설물로 여긴 것에 높은 가치를 부여하고 그것을 얻으려고 마음이 미혹되느냐? 손에 쟁기를 잡고 뒤를 돌아보는 사람은 하나님 나라에 합당치 않다.'

나는 큰 충격을 받고 회개했습니다. 성령님이 말씀하셨습니다.

'아들아, 허망한 것에 조금도 미련을 갖지 마라.'

서울대나 하버드대가 허망하다는 것이 아닙니다. 하나님이 나를 부르시고 내게 있어 가장 좋은 길인 신학교로 인도하셨는데 다른 학교에 대한 미련을 못 버리는 것이 허망하다는 말입니다.

당신도 혹시 나처럼 허망한 것에 미련을 갖고 있지 않습니까?

허망(虛妄)은 '기대와 달리 보람이 없고 허무하다'는 말입니다. 사람들이 엄청난 시간과 비용, 곧 대가를 지불하며 얻으려고 하는 많은 것들이 막상 얻고 나면 기대와 달리 보람이 없고 허무합니다.

하나님이 인도하시면 서울대학교에 진학하십시오. 하지만 분명한 목적이 없이 서울대학교를 가려는 생각은 위험합니다. 실제로 서울대학교를 졸업했는데 직장도 없고 결혼도 못 하고 이리저리 떠도는 사람이 얼마나 많은지 모릅니다. 물론 서울대학교를 졸업한 사람 중에 남다른 지혜가 있어 크게 성공한 사람도 있습니다.

내가 서울대학교를 입학하고 졸업하려 했던 목적은 단순히 그 대학에 대한 미련 때문이었습니다. 그 대학은 세계 100대 대학에도 들지 못하며 국내에서만 일류 대학이라며 높은 가치를 부여할 뿐입니다. 하나님의 종으로 부름 받은 내 마음이 미혹된 것입니다.

내가 서울대학교를 싫어하거나 그 대학에 진학하는 것을 반대하는 것이 아닙니다. 나는 서울대학교와 교수들, 캠퍼스와 학생들을 좋아합니다. 어릴 때 공부하고 진학하는 과정에서 자기 성적에 따라 꿈을 이루기 위해 서울대학교에 가는 것은 괜찮지만 일류 대학에 대한 목마름 때문에 가려는 것은 옳지 않다는 것입니다.

하나님이 당신을 다른 길로 인도하셨다면 가려고 했던 학교에 대한 미련과 애착을 완전히 버리십시오. 주님께서 말씀하십니다.

'내가 너를 다른 길로 인도했는데 왜 자꾸 미련을 가지니?'

지난 일들에 대한 애착을 버려야 자유와 행복을 얻습니다.

애착(愛着)은 '몹시 사랑하거나 끌리어서 떨어지지 않는 마음, 좋아하며 집착하는 마음'을 말합니다. 바울은 자기가 유익하다고 여겼던 많은 것들을 배설물로 여겼습니다. 당신은 혹시 바울이 똥과 오줌으로 여긴 것들에 대해 미련과 애착을 가지고 있지 않습니까?

모든 미련과 애착이 육신의 생각인 것을 알지 못합니까?

육신의 생각은 사망이요 영의 생각은 생명과 평안입니다.

주님은 쟁기를 잡고 뒤를 돌아보지 말라고 하셨습니다.

"예수께서 이르시되 손에 쟁기를 잡고 뒤를 돌아보는 자는 하나님의 나라에 합당하지 아니하니라 하시니라."(눅 9:62)

미련과 애착을 따라 한 번 잘못된 길로 들어서면 많은 시간과 비용을 허비하게 됩니다. 하나님이 당신을 부르신 그 부르심을 소중히 여기며 감사하십시오. 바울은 하나님과 올바른 관계를 유지하려면 네 가지를 주의해야 한다고 말했습니다. 무엇일까요?

"하나님을 알되 하나님을 영화롭게도 아니하며, 감사하지도 아니하고, 오히려 그 생각이 허망하여지며, 미련한 마음이 어두워졌나니."(롬 1:21)

하나님을 영화롭게 하라

첫째, "하나님을 영화롭게 하라"고 했습니다.
영화(榮華)는 '존귀하게 여기며 빛낸다'는 뜻입니다.
당신은 하나님과 그분의 말씀, 그분의 부르심을 가장 귀하게 여기며 빛내고 있습니까? 혹시 다른 것을 더 귀하게 여기지 않습니까?
귀하게 여긴다는 것은 '가치를 부여한다'는 의미입니다. 하나님과 그분의 말씀, 그분의 부르심에 가장 큰 가치를 부여해야 합니다.
그러므로 "하나님을 영화롭게 하라"는 말씀은 '하나님께 가장 큰 가치를 두고 만족하라'는 뜻입니다. 왜일까요? 하나님이 복음이기 때문입니다. 복음은 이론이나 사상, 철학이나 교리가 아닌 하나님 자신과 하나님의 말씀입니다. "복음은 하나님 자신이다."

우리가 가장 큰 가치를 두고 만족해야 하는 것은 복음입니다.

성경 전체에 기록된 하나님의 말씀은 율법이 아닌 복음입니다. 모세를 통해 주어진 율법은 복음으로 안내하는 몽학선생일 뿐입니다. 그러므로 당신이 하나님의 말씀인 성경을 공부하고 사람들에게 전할 때 율법이 아닌 복음의 말씀을 드러내야 합니다.

"너희가 거듭난 것은 썩어질 씨로 된 것이 아니요 썩지 아니할 씨로 된 것이니 살아 있고 항상 있는 하나님의 말씀으로 되었느니라. 그러므로 모든 육체는 풀과 같고 그 모든 영광은 풀의 꽃과 같으니 풀은 마르고 꽃은 떨어지되 오직 주의 말씀은 세세토록 있도다 하였으니 너희에게 전한 '복음이 곧 이 말씀'이니라."(벧전 1:23~25)

복음은 다른 어떤 것보다 큰 가치가 있습니다.

복음은 무엇일까요? 구약 39권에는 '복음, 천국'이란 단어가 안 나옵니다. 신약에 와서야 '복음, 천국'이라는 단어가 등장합니다.

이 두 단어를 세상의 모든 지식보다 귀하게 여기십시오.

예수님은 다름 아닌 '천국 복음'을 전파하셨고 그분의 사역은 처음과 나중, 시작과 끝이 모두 '천국 복음'이었습니다. 그분은 우리에게도 오직 '천국 복음'만 전파하라고 명령하셨습니다.

"예수께서 모든 도시와 마을에 두루 다니사 그들의 회당에서 가르치시며 '천국 복음'을 전파하시며 모든 병과 모든 약한 것을 고치시니라. 이 '천국 복음'이 모든 민족에게 증언되기 위하여 온 세상에 전

파되리니 그제야 끝이 오리라."(마 9:35, 마 24:14)

천국 복음은 무엇일까요? 하나님의 통치 곧 성령님의 다스리심을 받으며 천국의 행복을 이 땅에서부터 풍성히 누리는 것입니다.

예수님은 양으로 생명을 얻게 하고 더 풍성히 얻게 하려고 오셨고 속량 제물이 되어 우리를 위한 모든 값을 지불하셨습니다.

"예수님이 우리의 모든 죄와 목마름, 병과 가난, 어리석음과 징계와 죽음을 짊어지고 십자가에서 피와 땀과 눈물을 쏟으며 값을 다 지불하고 죽으시므로 다 이루었다. 그분은 죄가 없는 하나님의 아들이시며 죽은 지 사흘 만에 부활하셨고 그분을 믿는 사람에게 의와 성령 충만, 건강과 부요함, 지혜와 평화와 생명을 선물로 주신다. 하나님의 어린 양 예수 그리스도를 구주로 믿는 사람들에게 들어오신 성령님은 하나님의 나라 곧 천국을 가지고 생수의 강으로 들어오셨다."

이것이 천국 복음, 온전한 복음이며 그리스도 복음입니다.

나는 이러한 천국 복음에 가장 큰 가치를 부여합니다.

이것은 내가 아닌 여호와 하나님이 가치를 부여하신 것입니다.

바울은 교회에서 말씀을 전할 때 복음 외에는 아무것도 알지 않기로 작정했다고 했습니다. "내가 너희 중에서 예수 그리스도와 그가 십자가에 못 박히신 것 외에는 아무것도 알지 아니하기로 작정하였음이라."(고전 2:2) 그는 유대 랍비였으며 최고의 학문을 가졌지만 그동안 얻었던 모든 것을 배설물로 여긴다고 했습니다.

"그러나 무엇이든지 내게 유익하던 것을 내가 그리스도를 위하여 다 해로 여길뿐더러 또한 모든 것을 해로 여김은 내 주 그리스도 예수를 아는 지식이 가장 고상하기 때문이라. 내가 그를 위하여 모든 것을 잃어버리고 배설물로 여김은 그리스도를 얻고."(빌 3:7~8)

이 땅에 사는 동안 내 주 그리스도 예수를 아는 지식이 가장 고상합니다. 다른 어떤 지식에서 고상함을 찾으려고 하지 마십시오.

모든 일에 춤추며 하나님께 감사하라

둘째, "하나님께 감사하라"고 했습니다.

당신은 모든 일에 기도와 간구로 당신의 구할 것을 감사함으로 하나님께 아뢰고 있습니까? 감사함으로 하나님께 나아가야 합니다.

감사하는 자를 하나님이 모든 환난에서 건지신다고 했습니다.

"감사로 제사를 드리는 자가 나를 영화롭게 하나니 그의 행위를 옳게 하는 자에게 내가 하나님의 구원을 보이리라."(시 50:23)

우리는 하나님께 구체적으로 감사해야 합니다.

"하나님, 제 인생의 모든 것을 감사합니다. 이 땅에 태어나서 건강한 몸과 마음으로 하나님이 창조하신 해와 달과 별을 보게 해주셔서 감사합니다. 산과 바다와 들판과 나무와 풀과 꽃을 보게 해주셔서 감사합니다. 눈으로 보고 귀로 듣고 입으로 말하고 코로 냄새 맡게 해주셔서 감사합니다. 손으로 만지고 발로 걷게 해주셔서 감사합니다. 매일 자고 깨며 숨을 잘 쉬고 밥을 잘 먹고 배설을 잘하게 해주셔서 감사합니다. 결혼해서 자녀를 낳게 해주셔서 감사합니다. 직장을 다니고 알바를 하게 해주셔서 감사합니다. 10원, 100원, 10만 원, 100

만 원을 주셔서 감사합니다. 가족과 집과 차를 주셔서 감사합니다."

이 땅에 태어나지도 못하고 죽은 아이들이 얼마나 많습니까?

아기 때부터 제대로 숨 쉬지 못하는 사람, 보지 못하는 사람, 듣지 못하는 사람, 말하지 못하는 사람, 걷지 못하는 사람이 얼마나 많습니까? 하루도 결혼 생활을 못 해본 사람, 하루도 아기를 가져보지 못한 사람, 하루도 아늑한 집에서 자보지 못한 사람, 하루도 부모를 보지 못한 사람, 하루도 차를 타보지 못한 사람, 하루도 괜찮은 음식을 먹어보지 못한 사람, 하루도 직장을 다녀 보지 못한 사람이 얼마나 많습니까? 없는 것, 누리지 못하는 것을 따지며 원망하지 말고 하나님이 주셔서 누리게 하신 것들을 세며 감사하십시오.

또 무엇을 감사해야 할까요? 순간마다 도움을 주신 성령님께 감사해야 합니다. 많은 사람들이 문제가 생겨 힘들고 어려워지면 성령님께 간절히 도움을 구하지만 막상 그분의 도우심으로 문제가 해결되고 상황이 좋아지면 그 은혜를 잊어버립니다. 그리고 다시 문제가 생기면 성령님께 애원하듯 간절히 도움을 구합니다.

"성령님, 제발 도와주세요."

그렇게 도움을 구한 것은 정말 잘한 일입니다. 하지만 사람들이 성령님께로부터 직접적이고 구체적인 도움을 받은 후에는 감사하지 않고 그냥 넘어갑니다. 성령님께 감사를 표현해야 합니다.

"성령님, 도와주셔서 감사합니다."

성령님께 감사하는 습관을 들이십시오.

우리가 또 감사해야 할 것이 있습니다. 무엇일까요?

직분에 대한 감사입니다. 다른 것에도 감사해야 하지만 특별히 하나님이 당신에게 맡기신 직분에 대해 감사해야 합니다.

많은 사람들이 직분이 없을 때는 "하나님, 저에게도 직분을 주세요. 저를 하나님의 일꾼으로 사용해 주세요. 세계적인 사역자가 되기를 원합니다"라며 직분을 사모하며 간절히 구합니다.

그러다 막상 하나님이 기도에 응답하셔서 하나씩 직분을 주시면 이상하게도 마음이 바뀝니다. 직분이 없을 때는 직분에 그렇게 큰 가치를 두며 사모하던 사람이 직분을 받은 순간부터 자기가 받은 직분에 대해 투덜거리며 불평하기 시작하는 것입니다. "하나님, 왜 저에게 이 직분을 주셔서 저를 괴롭히십니까? 이 직분이 제게 너무 큰 짐이 됩니다"라며 그것을 버리고 도망갈 궁리를 합니다. 친구를 만나면 "지금 내 직분은 내 몸에 맞지 않은 옷을 입은 기분이야. 기회만 되면 이 직분을 버리고 시골로 내려갈 거야"라고 말합니다.

하나님이 보실 때 얼마나 황당하고 괘씸할까요? 하나님은 그 사람을 복음에 충성된 사람으로 여겨 소중한 직분을 맡기셨는데 왜 그렇게 반응할까요? 사람들이 자기 손에 없을 때는 크고 귀하게 여기다가 막상 하나님이 주셔서 손에 가지면 작고 하찮게 여깁니다.

"이 직분은 별 거 아니야. 원래 내가 더 큰 일을 해야 할 사람인데 여기서 이러고 있어"라며 다른 사역자와 비교하며 힘들어 합니다.

개척 교회나 시골 교회 목사, 아프리카 오지의 선교사, 부모님이 세운 교회를 맡아서 섬기는 후임 목사, 복음 작가, 부흥사, 주일학교 교사, 집사, 권사, 장로, 목사, 전도사, 안내와 헌금 위원, 성가대, 노회장, 총회장, 이런 교회 안의 직분들은 이 세상의 없어질 통치자들 곧 대통령이나 장관, 국회의원보다 더 귀한 직분입니다.

다윗은 자기의 직분에 대해 크게 여겼습니다. "주의 궁정에서의 한 날이 다른 곳에서의 천 날보다 나은즉 악인의 장막에 사는 것보다 내 하나님의 성전 문지기로 있는 것이 좋사오니."(시 84:10)

하나님이 맡기신 직분은 별 거 아닌 것이 아닙니다. 작고 하찮은 것이 아닙니다. 크고 귀하고 소중한 것입니다. 당신은 어떻습니까?

하나님이 불러 세우시고 주신 직분에 대해 감사하고 있습니까?

나도 나를 그분의 종으로 부르신 하나님께 감사하지 않고 하찮게 여겼던 적이 많았던 것 같아 회개했습니다. 게다가 하나님이 기름 부어 세우신 직분의 옷이 모자란다고 생각하여 끊임없이 다른 옷을 더 챙겨 입으려고 애썼던 적이 있었습니다. 그것이 사탄의 미혹이었습니다. 사람마다 하나님이 기름 부어 입혀 주신 옷이 다릅니다. 그 옷 색깔이나 크기, 스타일과 숫자를 남과 비교하고 경쟁하면서 육신의 생각과 힘으로 더 챙기려고 애쓰면 마음이 불행해집니다.

사탄은 하나님의 자녀와 하나님의 종이 자기 위치에서 떠나게 만들려고 다른 것에 더 큰 가치를 부여하게 합니다. 그는 그리스도인이 자기 안에 가득히 들어와 계신 그리스도의 영광의 복음의 광채를 보지 못하게 하고 다른 것에 눈을 돌리도록 자꾸 속입니다.

우리는 혼미한 마음을 벗어버리고 오직 그리스도 복음을 굳게 붙들어야 합니다. "만일 우리의 복음이 가리었으면 망하는 자들에게 가리어진 것이라. 그 중에 이 세상의 신이 믿지 아니하는 자들의 마음을 혼미하게 하여 그리스도의 영광의 복음의 광채가 비치지 못하게 함이니 그리스도는 하나님의 형상이니라."(고후 4:3~4)

우리는 사람들에게 복음을 전하라고 하나님이 불러 세워 그분의 종이 되게 하신 것을 영광스럽게 여겨야 합니다. "우리는 우리를 전파하는 것이 아니라 오직 그리스도 예수의 주 되신 것과 또 예수를 위하여 우리가 너희의 종 된 것을 전파함이라."(고후 4:5)

우리가 또 감사해야 할 것이 있는데 무엇일까요?

예수 이름으로 모이는 예배와 성경공부모임입니다.

예수님은 이런 모임이 세상의 다른 어떤 모임보다 귀하다고 말씀하셨습니다. "두세 사람이 내 이름으로 모인 곳에는 나도 그들 중에 있느니라."(마 18:20) 모인 곳은 특정한 장소를 말합니다.

예수님은 항상 우리와 함께 계시지만 그런 모임에는 특별히 함께하며 더 많은 유익을 주겠다고 하셨습니다. 예수 이름으로 모인 곳에는 더 강한 기름 부으심이 나타납니다. 이런 모임을 존중하며, 참석하기를 사모하고 빠지지 말고 적극적으로 참석하십시오.

이런 모임을 간절히 사모했던 사람들은 교회에서 이런 모임을 시작하겠다고 말하면 그것을 귀하게 여기며 감사하게 받아들입니다.

"와, 하나님이 내 기도에 응답하셔서 성경공부모임이 열렸어. 이제 복음 안에서 교육과 코칭을 받으며 교제할 수 있는 귀한 모임이 생겼으니 부지런히 참석해야지. 하나님, 억만 번이나 감사합니다."

하지만 미련한 사람은 반대로 반응하며 퇴보의 길을 걷습니다.

"왜 이런 모임을 만들어서 부담을 주는 거야? 차라리 그 시간에 밖으로 돌아다니며 친구들을 만나 먹고 마시는 편이 나아. 아니면 혼자 카페에 앉아서 인터넷 검색하는 것이 더 재미있어. 그리고 그 시간에 알바를 하면 몇 만 원이라도 더 벌 수 있어."

그래서 평생 알바 인생을 못 벗어나는 것입니다. 하나님의 말씀을 통해 의식 수준을 높이고 다시 아래로 내려가지 말아야 합니다.

하나님은 당신을 노예가 아닌 왕자로 부르셨고 하녀가 아닌 공주로 부르셨습니다. 그렇다면 왕자와 공주의 수준에 맞게 생각하고 말하고 행동하며 살아야 합니다. 주님께서 말씀하십니다.

"아들아, 네 의식 수준을 낮추지 마라."

"딸아, 네 삶의 수준을 낮추지 마라."

성경공부모임을 하든 안 하든 하나님은 변함없이 우리를 사랑하십니다. 하지만 하나님이 어떤 기회를 주셨을 때는 그것을 소중히 여기며 적극적인 반응, 기쁨과 감사의 반응을 해야 더 큰 복을 받습니다. 이렇게 말하십시오. "와, 감사합니다. 하나님."

므나와 달란트를 주인에게 받은 종들도 그랬습니다. "와, 드디어 기회가 왔어. 당장 나가서 장사해야지"라며 긍정적으로 반응하여 배로 남긴 종이 있었던 반면 "왜 이런 돈을 내게 맡기는 거야. 부담이 돼. 땅에 묻어 두자"고 부정적으로 반응한 종도 있었습니다.

부정적으로 반응한 종은 주인에게 책망 받았습니다.

하나님이 당신에게 주신 영적인 기회들에 감사해야 합니다.

어제는 지방의 한 독자에게서 문자로 연락이 왔습니다.

"김열방 목사님, 내일 전국에서 사업가들이 모이기로 했는데 오셔서 그분들을 만나 복음을 전해 주실 수 있나요?"

그때 나는 순간 '아, 부담이 돼. 왜 내가 모르는 사람들을 만나 그들과 함께 시간을 보내야 돼?'라는 생각이 들어 거절하려고 하는데 성령님께서 내 마음에 즉시 말씀하셨습니다.

'아들아, 만사를 제쳐 두고 그 사람들을 만나라.'

나는 기쁘고 즐거운 마음으로 그들을 만나 '의성건부지평생'의 천국 복음을 자세히 전했고 식사 대접까지 하며 격려해 주었습니다.

우리는 온갖 육신의 일과 행사들, 모임보다 교회에서 열리는 정기 예배와 성경공부모임, 그리고 다른 사람에게 복음을 전하는 일, 혼자 조용히 앉아 기도하고 성경을 읽고 암송하는 일, 성령님과 함께 산책하고 책을 쓰는 일을 더욱 귀하고 소중하게 여겨야 합니다.

자나 깨나 영의 생각만 하며 영을 따라 사십시오.

육신의 생각을 하며 육신을 따라 살지 마십시오.

육신의 생각은 사망이요 영의 생각은 생명과 평안입니다. "육신의 생각은 사망이요 영의 생각은 생명과 평안이니라."(롬 8:6)

영의 생각을 따라 사는 것이 영적인 지혜입니다.

영적인 지혜가 가장 귀하고 소중합니다.

생각이 허망하여지지 않게 하라

셋째, "그 생각이 허망하여지지 않게 하라"고 했습니다.

허망의 사전적인 의미는 다음과 같습니다. '기대와 달리 보람이 없다. 허무하다. 미덥지 않다. 쓸데없다. 현실성이 없다. 헛되다.'

당신은 무엇을 따라 삽니까? 성령님과 말씀을 따라 사십시오.

성령님과 말씀을 따라 살면 보람되고 유익하지만 육신과 현상을 따라 살면 보람이 없고 무익합니다. 성령은 생기와 생수를 주지만 육신은 풀과 같고 현상은 잠깐 있다 사라지는 안개와 같습니다.

육신의 생각은 사망이며 하나님을 기쁘시게 할 수 없습니다.

허망한 생각은 쉽게 전염됩니다. 당신의 생각이 허망하여지지 않으려면 허망한 사람과 같이 앉아 대화를 나누지 말아야 합니다. 다윗은 "허망한 자들의 모임에 가서 그들과 같이 자리에 앉지 않았고 그런 사람들과 동행하지도 않았다"고 고백했습니다.

"주의 인자하심이 내 목전에 있나이다. 내가 주의 진리 중에 행하여 허망한 사람과 같이 앉지 아니하였사오니 간사한 자와 동행하지도 아니하리이다. 내가 행악자의 집회를 미워하오니 악한 자와 같이 앉지 아니하리이다."(시 26:3~5)

허망한 사람은 헛된 것에 집착하는 사람입니다. 그는 하나님의 말씀에 비춰볼 때 분명히 잘못된 지식과 행동인데도 고집을 부리며 강하게 집착하고 주위 사람들에게도 그렇게 하라고 요구합니다.

"허망한 사람도 잘 가르치면 바뀌지 않나요?"라고 하겠지만 그렇지 않습니다. "허망한 사람은 지각이 없나니 그의 출생함이 들나귀 새끼 같으니라"(욥 11:12)고 했습니다. '허망하다'는 말과 '미련하다'는 말은 유의어입니다. 〈새번역성경〉에는 이렇게 표현합니다.

"미련한 사람이 똑똑해지기를 바라느니 차라리 들나귀가 사람 낳기를 기다려라."

미련한 사람은 부모와 스승, 친구가 아무리 말해도 자기가 옳다고 고집을 부립니다. 얼마나 답답하면 이렇게 표현했을까요?

"미련한 자를 곡물과 함께 절구에 넣고 공이로 찧을지라도 그의 미련은 벗겨지지 아니하느니라."(잠 27:22)

미련한 사람과는 1도 엮이지 마십시오.

미련한 마음이 어두워지지 않게 하라

넷째, "미련한 마음이 어두워지지 않게 하라"고 했습니다.

"어두워진다"는 말은 '굳어진다'는 뜻입니다. 미련을 갖는 마음이 돌처럼 굳어지고 동굴처럼 어두워진다는 것입니다. "주의 말씀은 내 발에 등이요 내 길에 빛이다"라고 했습니다. 주의 말씀을 따라 생각을 조정하고 마음을 새롭게 함으로 변화를 받아야 합니다.

당신이 미련을 갖는 것은 무엇입니까? 미련은 '강한 애착을 갖고 고집을 부리는 것'입니다. 왜 육신의 생각에 대한 미련을 못 버립니까? 성령님께 이렇게 도움을 구하기 바랍니다.

"성령님, 조금도 미련한 마음을 갖지 않게 해주세요."

미련한 사람과 함께 멍에를 매면 그동안 받은 복이 한순간에 날아가고 당신의 마음과 가정, 사업체가 망하고 불행해집니다.

미련한 자와 함께 멍에를 매면 망한다

미련한 자와 함께 멍에를 매면 어떻게 될까요?

첫째, 미련한 자의 아비는 낙이 없습니다. 미련한 자의 아내, 남편, 자녀도 모두 낙이 없습니다. "미련한 자를 낳는 자는 근심을 당하나니 미련한 자의 아비는 낙이 없느니라."(잠 17:21)

둘째, 미련한 일을 행하는 미련한 자를 변화시키려고 애쓰는 것은 어리석은 짓입니다. 미련한 자는 멀리 가만 두고 평생 만나지 않는 것이 좋습니다. "차라리 새끼 빼앗긴 암곰을 만날지언정 미련한 일을 행하는 미련한 자를 만나지 말 것이니라."(잠 17:12)

셋째, 미련한 사람을 고용하는 것은 사장이 뛰어난 장인이어도 사업을 망하게 합니다. "장인이 온갖 것을 만들지라도 미련한 자를 고용하는 것은 지나가는 행인을 고용함과 같으니라."(잠 26:10)

넷째, 미련한 자에게 매를 백대 때리는 것보다 총명한 자에게 한마디 말로 코치하는 것이 낫습니다. 미련한 자를 바꾸려고 애쓰지 마십시오. "한 마디 말로 총명한 자에게 충고하는 것이 매 백 대로 미련한 자를 때리는 것보다 더욱 깊이 박히느니라."(잠 17:10)

나도 예전에 미련한 마음을 가진 적이 많았지만 성령님께 도움을 구하므로 하나씩 바꿨고 지금은 많은 면에서 달라졌습니다.

미련한 여인이 아닌 지혜로운 여인이 되라

미국의 한 여인이 결혼해서 자녀를 네 명 낳아 키우고 있는데 최근에 큰 어려움을 겪고 있다며 내게 상담을 요청했습니다. 그녀는 바람난 남편에게 속아 자기가 10년 동안 일해서 모든 돈을 다 주었는데, 남편이 그 돈으로 다른 여자와 딴 살림을 차리는데 썼다고 했습니다. 이 미련한 여인은 남편에게 완전히 속았던 것입니다.

바람나서 딴 살림을 차린 남편에게는 10원도 주면 안 됩니다.

오히려 그 남편이 어떻게든 자녀 양육비를 만들어 매달 보내게 해야 합니다. 그런데 이 여인은 배신감을 느낀다고 말하면서도 남편에 대한 미련을 버리지 못하고 바람난 남편이 사업하겠다며 3억의 돈을 좀 만들어 달라고 하자 아파트 대출까지 받아서 돈을 보내줬는데 얼마 후에 남편이 그 돈을 다 탕진했다고 했습니다.

나는 이런 종류의 미련한 마음을 가진 사람을 여럿 보았습니다.

그들은 아무리 말하며 코치해도 듣지 않고 미련한 마음으로 고집을 부렸습니다. 그런 사람은 밑바닥의 가진 것까지 다 잃습니다.

잠언 14장 24절에 '지혜로운 자의 재물은 그의 면류관이요 미련한 자의 소유는 다만 미련한 것이니라"고 했습니다. 지혜로운 자의 재물은 그의 면류관이 되어 그를 더욱 존귀하고 아름답게 합니다.

그렇다면 미련한 자의 소유는 무엇일까요? 미련한 자의 소유는 아무것도 없습니다. 다 잃고 미련한 마음만 남을 뿐입니다. 이 사람은 미련하게 고집을 부리며 미련한 일을 죽을 때까지 반복하기 때문에 결국 미련한 마음만 남고 모든 재산을 다 잃게 됩니다. 당신도 혹시 미련한 사람이 아닙니까? 제발 미련한 짓을 멈추십시오.

육신의 힘으로는 미련한 짓을 멈출 수 없습니다. 오직 성령님만이 그 일을 멈추게 해주십니다. 그러므로 매일 아침 눈을 뜨면 미련한 짓의 올무에서 벗어나도록 성령님께 도움을 구해야 합니다.

"성령님, 미련한 마음을 조금도 갖지 않게 해주세요."

"성령님, 미련한 인간관계에서 벗어나게 해주세요."

나도 그렇게 도움을 구해서 미련한 일에서 벗어난 적이 몇 번 있습니다. 나는 당신에게 예수 이름으로 부탁합니다.

"미련한 일을 멈추고 그 일에 대한 미련을 완전히 버려라."

돈 가진 사람에 대한 미련을 버려라

당신은 혹시 사람에게서 큰돈을 얻을까 생각하지 않습니까?

나도 그런 생각을 한 적이 있었지만 지금은 달라졌습니다. 오직 하나님만 바라봅니다. 큰돈은 하나님의 손에서 온다고 믿기 때문입니다. 그런 내게 하나님은 초자연적인 공급하심을 통해 그때마다 필요한 돈을 주셨습니다. 사람을 의지하면 사람을 두려워하게 되고 그로 인해 올무에 잡힙니다. "사람을 두려워하면 올무에 걸리게 되거니와 여호와를 의지하는 자는 안전하리라."(잠 29:25)

내가 일본의 한 사업가에게 "모든 일에 인간적인 미련과 돈에 대한 미련을 버려라"고 백번도 더 말한 적이 있습니다. 그런데 오늘 아침에 또 그분에게서 미련한 마음이 담긴 문자가 왔습니다.

"그 사람이 내게 돈을 10억만 주면 좋을 텐데요."

나는 그분에게 다시 문자로 말했습니다.

"그 돈 가진 사람과 10억에 대한 미련을 버리세요. 오직 하나님만 바라보세요. 하나님께 구하면 하나님이 다 주십니다."

아브라함은 그돌라오멜과 싸워 이긴 후에 얻은 전리품을 포기했습니다. 그때 허전한 마음이 들어 힘들었지만 하나님이 그에게 나타나 "미련을 버리고 나만 바라보라"며 말씀으로 위로하셨습니다.

"아브람이 그의 조카가 사로잡혔음을 듣고 집에서 길리고 훈련된 자 삼백십팔 명을 거느리고 단까지 쫓아가서 그와 그의 가신들이 나뉘어 밤에 그들을 쳐부수고 다메섹 왼편 호바까지 쫓아가 모든 빼앗겼던 재물과 자기의 조카 롯과 그의 재물과 또 부녀와 친척을 다 찾아왔더라. 아브람이 그돌라오멜과 그와 함께 한 왕들을 쳐부수고 돌아올 때에 소돔 왕이 사웨 골짜기 곧 왕의 골짜기로 나와 그를 영접하였고 살렘 왕 멜기세덱이 떡과 포도주를 가지고 나왔으니 그는 지극히 높으신 하나님의 제사장이었더라. 그가 아브람에게 축복하여 이르되 천지의 주재이시요 지극히 높으신 하나님이여 아브람에게 복을 주옵소서. 너희 대적을 네 손에 붙이신 지극히 높으신 하나님을 찬송할지로다 하매 아브람이 그 얻은 것에서 십분의 일을 멜기세덱에게 주었더라. 소돔 왕이 아브람에게 이르되 사람은 내게 보내고 물품은 네가 가지라. 아브람이 소돔 왕에게 이르되 천지의 주재이시요 지극히 높으신 하나님 여호와께 내가 손을 들어 맹세하노니 네 말이 내가 아브람으로 치부하게 하였다 할까 하여 네게 속한 것은 실 한 오라기나 들메끈 한 가닥도 내가 가지지 아니하리라. 오직 젊은이들이 먹은 것과 나와 동행한 아넬과 에스골과 마므레의 분깃을 제할지니 그들이 그 분깃을 가질 것이니라. 이 후에 여호와의 말씀이 환상 중에 아브람에게 임하여 이르시되 아브람아 두려워하지 말라. 나는 네 방패요 너의 지극히 큰 상급이니라."(창 14:14~15:1)

당신은 어떤 것에 대한 미련이 남아 있습니까?

"옛 돈과 학벌에 대한 미련, 옛 이성과 동창에 대한 미련, 옛 부모와 자녀에 대한 미련, 옛 형제와 친구에 대한 미련, 옛 성공과 업적에 대한 미련, 옛 죄와 쾌락에 대한 미련, 옛 교회와 모임에 대한 미련, 옛 직장과 직원에 대한 미련, 옛 자동차와 집과 빌딩에 대한 미련 "

이런 모든 미련은 육신의 생각이며, 육신의 생각은 사망입니다.

이런 미련 때문에 당신의 몸과 마음이 죽어 가고 있습니다.

하나님은 아브라함에게 이미 지나간 것들, 작은 것들에 대한 미련을 버리면 더 큰 복, 더 좋은 복을 주겠다고 약속하셨습니다.

"아브람이 이르되 주 여호와여 무엇을 내게 주시려 하나이까 나는 자식이 없사오니 나의 상속자는 이 다메섹 사람 엘리에셀이니이다. 아브람이 또 이르되 주께서 내게 씨를 주지 아니하셨으니 내 집에서 길린 자가 내 상속자가 될 것이니이다. 여호와의 말씀이 그에게 임하여 이르시되 그 사람이 네 상속자가 아니라 네 몸에서 날 자가 네 상속자가 되리라 하시고 그를 이끌고 밖으로 나가 이르시되 하늘을 우러러 뭇별을 셀 수 있나 보라. 또 그에게 이르시되 네 자손이 이와 같으리라. 아브람이 여호와를 믿으니 여호와께서 이를 그의 의로 여기시고 또 그에게 이르시되 나는 이 땅을 네게 주어 소유를 삼게 하려고 너를 갈대아인의 우르에서 이끌어 낸 여호와니라."(창 15:2~7)

하나님이 아브라함에게 주신 최고의 복은 영적인 복입니다. 그것은 곧 "여호와를 믿음으로 말미암아 의롭다 함을 얻었다"는 것입니다. 그는 믿음의 조상이 되었습니다. 또한 하나님은 아브라함에게 "이 땅에서도 실제로 많은 자손과 땅을 주겠다"고 약속하셨습니다.

지나간 일에 대한 미련, 작은 일에 대한 미련, 육신의 일에 대한 미련, 죄와 목마름과 병과 가난과 어리석음과 징계와 죽음에 대한 미련, 율법주의에 대한 미련을 모두 버려야 합니다.

이런 마음은 도둑질하고 죽이고 멸망시키려는 사탄의 계략입니다. 항상 깨어 기도하며 마귀의 간계를 능히 대적하기 위해 무장해야 합니다. 우리의 씨름은 혈과 육을 상대하는 것이 아닙니다. 오직 통치하는 영들과 권세를 행사하는 영들과 이 어둠의 세상을 주관하는 영들과 하늘에 있는 악의 영들을 상대함입니다.

우리는 미련한 마음으로 마귀에게 속아 다 빼앗기지 말고 지혜로운 마음으로 성령님께 도움을 구함으로 다 찾아와야 합니다.

"끝으로 너희가 주 안에서와 그 힘의 능력으로 강건하여지고 마귀의 간계를 능히 대적하기 위하여 하나님의 전신 갑주를 입으라. 우리의 씨름은 혈과 육을 상대하는 것이 아니요 통치자들과 권세들과 이 어둠의 세상 주관자들과 하늘에 있는 악의 영들을 상대함이라. 그러므로 하나님의 전신 갑주를 취하라. 이는 악한 날에 너희가 능히 대적하고 모든 일을 행한 후에 서기 위함이라. 그런즉 서서 진리로 너희 허리띠를 띠고 의의 호심경을 붙이고 평안의 복음이 준비한 것으로 신을 신고 모든 것 위에 믿음의 방패를 가지고 이로써 능히 악한 자의 모든 불화살을 소멸하고 구원의 투구와 성령의 검 곧 하나님의 말씀을 가지라. 모든 기도와 간구를 하되 항상 성령 안에서 기도하고 이를 위하여 깨어 구하기를 항상 힘쓰며 여러 성도를 위하여 구하라."(엡 6:10~18)

성령님, 조금도 미련을 갖지 않게 해주세요

당신은 지금 어떤 것에 미련과 애착을 갖고 있습니까?

미련과 애착은 육신의 힘으로 해결할 수 없습니다. 전능하신 성령님께 미련과 애착을 갖지 않게 해 달라고 도움을 구해야 합니다.

"성령님, 조금도 미련을 갖지 않게 해주세요."

"성령님, 조금도 애착을 갖지 않게 해주세요."

그러면 당신의 마음에 미련과 애착이 안 생길 것입니다.

어떤 이는 할례 의식을 굳게 붙들고 강한 애착을 보입니다.

성경을 읽다가 한 단어가 감동되면 그것이 성경 전체에서 어떻게 말하고 있는지를 살펴야 하며, 구약과 신약이 아닌 오순절 성령 강림 이후로 어떤 관점에서 말하고 있는지 공부해야 합니다. 오순절 성령 강림이 왜 중요할까요? 영으로 오신 그리스도를 중심으로 모든 것이 달라졌기 때문입니다. 구약의 제사와 제물은 오실 그리스도의 그림자였습니다. 그것의 실상인 예수님이 오셨지만 예수님은 "내가 실상을 말한다. 그것은 곧 성령님이 오시는 것이다"라고 하셨습니다. 예수님은 자신이 장차 오실 성령님에 비해 그림자와 같다고 하신 것입니다. 하나님의 어린 양 예수님은 속량 제물로 '사람들에게 가까이 오신 하나님'이고 성령님은 예수님이 대속 사역을 다 이룬 후에 '사람들 안에 들어오신 하나님'이십니다. 그러므로 구약 39권과 신약의 4복음서의 관점으로만 할례를 비롯한 성경의 수많은 사건과 사람, 규례들을 해석하면 표적에서 빗나가게 됩니다.

화살이 표적에서 빗나가는 것이 죄입니다. 어떤 것을 하나 깨달

앗다고 그것에 애착을 두고 강조하거나, 그것을 내려놓지 못하고 미련을 갖는 일이 없어야 합니다. 오직 그리스도 복음을 중심으로 모든 것을 해석해야 하며 그리스도 복음을 붙들어야 합니다.

할례, 할례, 자나 깨나 할례를 강조했던 할례파가 있었습니다.

"불순종하고 헛된 말을 하며 속이는 자가 많은 중 할례파 가운데 특히 그러하니 그들의 입을 막을 것이라. 이런 자들이 더러운 이득을 취하려고 마땅하지 아니한 것을 가르쳐 가정들을 온통 무너뜨리는도다. 그레데인 중의 어떤 선지자가 말하되 그레데인들은 항상 거짓말쟁이며 악한 짐승이며 배만 위하는 게으름뱅이라 하니 이 증언이 참되도다. 그러므로 네가 그들을 엄히 꾸짖으라. 이는 그들로 하여금 믿음을 온전하게 하고 유대인의 허탄한 이야기와 진리를 배반하는 사람들의 명령을 따르지 않게 하려 함이라."(딛 1:10~14)

바울이 가장 미워했던 것, 그가 전하는 복음과 가장 크게 격돌했던 것이 "할례를 받아야 구원을 받는다"는 할례파였습니다. 할례에 대한 미련을 버려야 합니다. 그 미련한 마음이 굳어지면 안 됩니다.

구약과 신약 시대에 할례를 중요하게 여겼지만 예수님의 죽으심과 부활 이후로 그리스도 안에서는 할례가 조금도 중요하지 않습니다. 할례를 받든 안 받든 아무것도 아닙니다. 그리스도의 피로 값주고 산 교회에서 할례를 강조하면 안 됩니다. 왜일까요?

첫째, 오직 그리스도를 믿음으로만 구원을 받습니다.

"할례자도 믿음으로 말미암아 또한 무할례자도 믿음으로 말미암아 의롭다 하실 하나님은 한 분이시니라."(롬 3:30)

둘째, 할례 받는 것은 아무것도 아니라고 했습니다.

"할례 받는 것도 아무것도 아니요 할례 받지 아니하는 것도 아무것도 아니로되 오직 하나님의 계명을 지킬 따름이니라."(고전 7:19)

셋째, 그리스도 예수 안에서는 할례가 아무 효력이 없습니다.

"그리스도 예수 안에서는 할례나 무할례나 효력이 없으되 사랑으로써 역사하는 믿음뿐이니라. 할례나 무할례가 아무것도 아니로되 오직 새로 지으심을 받는 것만이 중요하니라."(갈 5:6, 6:15)

그러므로 교회에서는 할례가 아닌 그리스도를 강조해야 합니다. 그리스도가 전부이기 때문입니다.

하나님이 아니라면 아닌 것이다

하나님의 말씀이 절대 기준입니다.

하나님의 말씀이 "아무것도 아니다, 중요하지 않다"고 말하면 그런 줄로 알고 내 어리석은 고집과 미련함을 버려야 합니다. "내가 생각하기에는 이것도 중요하고 가치가 있다"고 말하지 말고 하나님의 말씀에서 "뿐이다"라고 하면 거기에서 뚝 멈춰야 합니다.

첫째, 성경에서 "뿐이요"라고 하면, 뿐인 줄로 알아야 합니다.

"도둑이 오는 것은 도둑질하고 죽이고 멸망시키려는 것'뿐이요' 내가 온 것은 양으로 생명을 얻게 하고 더 풍성히 얻게 하려는 것이라"(요 10:10)고 했습니다. '뿐이요'라고 했으면 멈추어야 합니다.

그런데 어떤 사람은 마귀가 방언도 주고 병도 고치고 물질 축복도 준다고 가르칩니다. 마귀는 결코 예수님처럼 양으로 생명을 얻게 하고 더 풍성히 얻게 하지 못합니다. 마귀는 결코 착한 일을 하지 않습니다. 도둑질하고 죽이고 멸망시키는 나쁜 일만 합니다.

둘째, 성경에서 "아니요"라고 하면, 아닌 줄로 알아야 합니다.

"하나님의 나라는 먹는 것과 마시는 것이 '아니요' 오직 성령 안에 있는 의와 평강과 희락이라."(롬 14:17) "우리의 씨름은 혈과 육을 상대하는 것이 '아니요' 통치자들과 권세들과 이 어둠의 세상 주관자들과 하늘에 있는 악의 영들을 상대함이라."(엡 6:12)

하나님이 아니라면 아닌 것이고 하나님이 뿐이라면 뿐인 것입니다. 거기에 자꾸 토를 달거나 자기 기준으로 엉뚱하게 해석하지 말아야 합니다. "기록된 말씀 밖으로 넘어가지 말라."(고전 4:6)

하나님께 버림받는 사람들의 특징은 기록한 말씀에서 더 나아간다는 것이며, 기록한 말씀을 자기 기준으로 해석한다는 것입니다.

제발 하나님께 버림받은 사울 왕처럼 완고하지 마십시오. 기록된 말씀에서 멈추십시오. 하나님이 "이것이 내 뜻이다"라고 말씀하시면 그것에 최고의 가치를 두고 다른 것은 아무리 대단해 보여도 항복하고 내려놓고 포기해야 합니다. 그래야 다윗처럼 하나님의 마음에 합한 사람이 되고 자자손손 은혜와 복을 받습니다.

나는 미련을 버리고 하나님 앞에 항복했습니다. 그로 인해 나는 조금도 부족함을 느끼지 않습니다. 내 모든 잔이 넘칩니다.

나는 이전에 내가 얻지 못했거나 성령님의 인도하심을 따라 내려놓았던 것에 대해 조금도 미련을 갖지 않기로 했습니다. 그리고 나를 그분의 종으로 부르신 하나님께 억만 번이나 감사하기로 했습니다. 또한 하나님이 내게 주신 직분에 대해 그 무엇보다 영광스럽게 여기기로 했습니다. 바울도 자기 직분을 영광스럽게 여겼습니다.

"내가 이방인인 너희에게 말하노라. 내가 이방인의 사도인 만큼 내 직분을 영광스럽게 여기노니……."(롬 11:13)

당신의 직분을 크고 영광스럽게 여기라

당신은 하나님이 주신 직분을 영광스럽게 여깁니까?

왜 그 직분을 하찮고 부끄럽게 여깁니까? 바울은 말했습니다. "이방인의 사도인 나는 내 직분을 영광스럽게 여긴다."(롬 11:13)

에베소서 4장 11절에는 "그가 어떤 사람은 사도로, 어떤 사람은 선지자로, 어떤 사람은 복음 전하는 자로, 어떤 사람은 목사와 교사로 삼으셨으니"라고 했고, 그 외에도 장로와 집사의 직분이 있습니다. 이 모든 직분을 영광스럽게 여겨야 하며, 하찮고 부끄럽게 여기지 말아야 합니다. 성도는 직분이 아닌 신분입니다.

하나님이 주신 직분을 대통령, 장관, 국회의원, 회장, 사장, 과장, 대리, 팀장, 이사, 대표의 직분보다 더 자랑스럽고 영광스럽게 여겨야 합니다. 하루는 아버지와 이런 대화를 나누었습니다.

"이번에 새로 당선된 대통령은 좋겠다. 가문의 영광이야."

내가 웃으며 말했습니다.

"아버지, 한 나라의 대통령보다 더 좋은 것이 하나님의 종입니다.

대통령은 임기 5년 동안만 나라를 다스리지만 저는 50년도 넘게 그리스도를 통해 생명 안에서 왕 노릇하며, 죽을 때까지 온 천하에 다니며 만민에게 복음을 전합니다. 대통령보다 억만 배나 더 영광스러운 직분이 하나님의 종이라는 직분입니다. 그러므로 대통령보다 하나님의 종인 저를 더 영광스럽게 생각하셔야 합니다."

고린도전서 12장 28절에는 "하나님이 교회 중에 몇을 세우셨으니 첫째는 사도요 둘째는 선지자요 셋째는 교사요 그 다음은 능력을 행하는 자요 그 다음은 병 고치는 은사와 서로 돕는 것과 다스리는 것과 각종 방언을 말하는 것이라"고 했습니다. 능력을 행하는 것, 병 고치는 것, 서로 돕는 것, 다스리는 것, 각종 방언을 말하는 것을 조금도 부끄럽게 여기지 말고 자랑스럽게 여기십시오.

이렇게 말하십시오.

"나는 복음을 전하는 하나님의 종이다."
"나는 능력을 행하는 하나님의 종이다."
"나는 병을 고치는 하나님의 종이다."
"나는 돕는 일을 맡은 하나님의 종이다."
"나는 다스리는 하나님의 종이다."
"나는 각종 방언을 말하는 하나님의 종이다."

세상 성공에 대한 미련으로 옛날 일을 자랑하지 마십시오.

바울처럼 그리스도 안에서 하나님이 위에서 부르신 부름의 상을 위하여 앞만 보고 달려가십시오. 바울은 말했습니다.

"내가 이미 얻었다 함도 아니요 온전히 이루었다 함도 아니라. 오직 내가 그리스도 예수께 잡힌바 된 그것을 잡으려고 달려가노라. 형제들아, 나는 아직 내가 잡은 줄로 여기지 아니하고 오직 한 일 즉 뒤에 있는 것은 잊어버리고 앞에 있는 것을 잡으려고 푯대를 향하여 그리스도 예수 안에서 하나님이 위에서 부르신 부름의 상을 위하여 달려가노라."(빌 3:12~14)

육신의 생각을 하지 않는 비결

당신은 육신의 생각이 자꾸 떠오르지 않습니까?

나는 육신의 생각을 하지 않는 비결을 깨달았습니다. 그것은 바로 성령님께 도움을 구하는 것입니다. 육신이 연약하여 할 수 없는 그것을 성령님은 능히 하십니다. 이렇게 도움을 구하십시오.

"성령님, 육신의 생각을 조금도 하지 않게 해주세요."

그러면 육신의 생각이 더 이상 떠오르지 않게 됩니다.

과거에 경험했던 육신의 일에 대한 미련을 다 버리십시오. 이것도 내 힘으로 안 됩니다. 성령님께 도움을 구해야 합니다.

"성령님, 육신의 일에 대한 미련을 버리게 해주세요."

왜 옛날 사람, 옛날 사건, 옛날 땅과 건물, 옛날 집, 옛날 영광을 자꾸 그리워합니까? 그런 것을 떠올릴 때마다 당신의 인생이 시름시름 죽어 간다는 것을 알지 못합니까? 육신의 생각은 사망입니다.

내가 옛날 사람들을 그리워하자 성령님이 말씀하셨습니다.

"내가 정리한 사람을 그리워하거나 그 일로 마음 아파하는 것은 망령된 생각이다. 그런 생각을 조금도 하지 말고 잊어라."

다윗이 우리야의 아내 밧세바를 통해 낳은 아기가 죽었을 때 그는 단숨에 미련을 버리기로 선택했고 울던 자리에서 일어났습니다.

우리 인생에는 많은 사람들이 스쳐 지나갑니다. 그들에 대한 집착을 버려야 합니다. 물건과 사람에 대한 집착이 '정욕'입니다.

옛 것에 대한 집착과 미련을 버려야 삽니다. 당신의 영혼과 가정과 자녀와 사업과 미래가 살고 싶으면 오늘 이렇게 결단하십시오.

"나는 지나간 모든 사람에 대한 집착을 버렸다."

"나는 새로운 사람에 대한 기대가 가득하다."

하나님의 자녀는 성령을 좇아 살아야 한다

당신은 예수님을 구주로 영접했습니까?

"영접하는 자 곧 그 이름을 믿는 자들에게는 하나님의 자녀가 되는 권세를 주셨으니 이는 혈통으로나 육정으로나 사람의 뜻으로 나지 아니하고 오직 하나님께로부터 난 자들이니라."(요 1:12~13)

당신은 하나님께로서 난 하나님의 자녀입니다. 그렇다면 혈통과 육정과 사람의 뜻을 따라 살지 말고 성령을 좇아 살아야 합니다.

"육신을 따르는 자는 육신의 일을, 영을 따르는 자는 영의 일을 생각하나니 육신의 생각은 사망이요 영의 생각은 생명과 평안이니라. 육신의 생각은 하나님과 원수가 되나니 이는 하나님의 법에 굴복하지 아니할 뿐 아니라 할 수도 없음이라. 육신에 있는 자들은 하나님을 기쁘시게 할 수 없느니라. 만일 너희 속에 하나님의 영이 거하시면 너희가 육신에 있지 아니하고 영에 있나니 누구든지 그리스도의 영이 없으면 그리스도의 사람이 아니라. 또 그리스도께서 너희 안에 계시면 몸은 죄로 말미암아 죽은 것이나 영은 의로 말미암아 살아 있는 것이니라. 예수를 죽은 자 가운데서 살리신 이의 영이 너희 안에 거하시면 그리스도 예수를 죽은 자 가운데서 살리신 이가 너희 안에 거하시는 그의 영으로 말미암아 너희 죽을 몸도 살리시리라. 그러므로 형제들아 우리가 빚진 자로되 육신에게 져서 육신대로 살 것이 아니니라. 너희가 육신대로 살면 반드시 죽을 것이로되 영으로써 몸의 행실을 죽이면 살리니 무릇 하나님의 영으로 인도함을 받는 사람은 곧 하나님의 아들이라. 너희는 다시 무서워하는 종의 영을 받지 아니하고 양자의 영을 받았으므로 우리가 아빠 아버지라고 부르짖느니라. 성령이 친히 우리의 영과 더불어 우리가 하나님의 자녀인 것을 증언하시나니 자녀이면 또한 상속자 곧 하나님의 상속자요 그리스도와 함께 한 상속자니 우리가 그와 함께 영광을 받기 위하여 고난도 함께 받아야 할 것이니라. 생각하건대 현재의 고난은 장차 우리에게 나타날 영광과 비교할 수 없도다."(롬 8:5~18)

이 말씀에서 지혜를 얻어야 합니다. 무엇일까요?

첫째, 육신을 따르는 자는 육신의 일을 생각하고 영을 따르는 자는 영의 일을 생각합니다. 육신의 일을 생각하는 것을 멈추고 영의 일만 생각하십시오. 이것은 당신의 힘으로 안 됩니다.

이렇게 말씀드리며 성령님께 도움을 구하십시오.

"성령님, 영의 일만 생각하게 해주세요."

둘째, 육신의 생각은 사망입니다. 당신이 육신의 일을 생각할 때마다 당신의 몸과 마음, 가정과 생활, 직장과 사업에서 사망을 경험하게 될 것입니다. 육신의 생각을 멈추십시오. 육신의 모임에 가지 마십시오. 육신의 사람들과 어울리며 교제하지 마십시오. 이것도 당신의 힘으로 안 됩니다. 성령님께 도움을 구하십시오. 그러면 성령님께서 초자연적인 능력으로 그런 걸 막아 주십니다.

"성령님, 육신의 모임에 가지 않게 해주세요."

셋째, 영의 생각은 생명과 평안입니다. 복음을 전하기 위해서는 어디든지 가고 누구든지 만나십시오. 복음을 전하는 일이 아니라면 여기저기 분주하게 돌아다니며 얼굴 내밀지 말고 혼자 조용히 앉아 책을 읽으며 영의 생각을 하십시오. 영의 생각은 하나님과 그분의 말씀인 복음에 대한 생각입니다. 성령님과 친밀하게 교제를 나누면서 책 읽고 기도하고 산책하고 달리십시오. 그분과 동업하십시오.

육신의 생각을 하면 다른 사람들의 육신의 필요를 채워 주기 위해 분주하게 돌아다니게 됩니다. 아무리 돈과 시간이 많아도 자제하고 성령님께 묻고 그분이 시킨 일만 하십시오. 초대교회 사도들은 육신의 생각에서 빠져나와야겠다고 결심했습니다.

"그 때에 제자가 더 많아졌는데 헬라파 유대인들이 자기의 과부들이 매일의 구제에 빠지므로 히브리파 사람을 원망하니 열두 사도가 모든 제자를 불러 이르되 '우리가 하나님의 말씀을 제쳐 놓고 접대를 일삼는 것이 마땅하지 아니하니 형제들아, 너희 가운데서 성령과 지혜가 충만하여 칭찬 받는 사람 일곱을 택하라. 우리가 이 일을 그들에게 맡기고 우리는 오로지 기도하는 일과 말씀 사역에 힘쓰리라' 하니."(행 6:1~4)

구제하는 일 곧 접대하는 일을 하지 말라는 것이 아닙니다. 그것이 기도하는 일과 말씀 사역보다 더 큰 일이 되어서는 안 된다는 말입니다. 어떤 사람을 구제할 때 성령님께 먼저 묻고 그분의 음성을 따라 행하십시오. 그래야 나중에 원망과 후회가 없게 됩니다.

부활하신 예수님은 제자들에게 "너희는 온 천하에 다니며 만민에게 구제하라"고 하지 않으셨고 오직 "너희는 온 천하에 다니며 만민에게 복음을 전파하라"고 하셨습니다. 이 말씀에 순종하십시오.

넷째, 육신의 생각은 하나님과 원수가 됩니다. "원수가 된다니 너무 심한 표현이 아닙니까? 그렇다면 제가 지금까지 한 육신의 생각들이 모두 하나님과 원수 된 생각이었다는 말입니까?" 그렇습니다.

당신이 평소에 육신의 생각을 하는 사람이었다면 영의 생각을 하는 사람과 알게 모르게 원수가 되었을 것입니다. 영의 사람은 육신의 사람을 대할 때 "어, 왜 이렇지? 내가 저 사람과 원수가 된 기분이야"라고 말합니다. 영의 사람과 육신의 사람은 만날 때마다 대적하는 공기를 내뿜으며 생각과 말과 행동과 행사로 싸웁니다.

둘 다 영의 사람이 되든지, 둘 다 육신의 사람이 되든지 해야 평화가 옵니다. 당신은 어떤 쪽이 되고 싶습니까? 육신의 사람이 되어도 괜찮다고요? 안 됩니다. 그러면 하나님과 원수가 됩니다.

하나님과 원수가 될 바에는 세상과 원수가 되고 모든 사람과 원수가 되는 편을 선택하는 것이 낫습니다. 아브라함, 이삭, 야곱, 요셉, 다윗은 모든 사람과 원수가 되더라도 하나님 편에 섰습니다.

많은 사람들이 겁도 없이 '눈에 보이지 않는 하나님과 원수가 되면 어때?'라고 쉽게 생각합니다. 하나님과 원수 되는 것이 가장 무섭고 두려운 일입니다. 제발 부탁합니다. 육신의 생각을 버리십시오. 하나님과 원수 되는 어리석은 길을 선택하지 마십시오.

"원수 갚는 것이 내게 있으니 내가 갚으리라 하시고 또 다시 주께서 그의 백성을 심판하리라 말씀하신 것을 우리가 아노니 살아 계신 하나님의 손에 빠져 들어가는 것이 무서울진저."(히 10:30~31)

다섯째, 육신의 생각은 하나님의 법에 굴복하지 아니할 뿐 아니라 할 수도 없습니다. 육신의 생각을 하면서 하나님을 위해 큰일을 하겠다는 사람들이 의외로 많습니다. 그들은 함부로 말합니다.

"육신의 생각, 영의 생각, 그런 게 뭐 중요해? 어쨌든 큰 교회를 짓고 사람들만 많이 모으면 되는 거지. 일단 성공하고 봐야 해."

그렇지 않습니다. 육신의 생각은 하나님의 법을 어기는 것입니다. 아무리 잘해도 법대로 경기하지 않으면 소용없습니다.

여섯째, 육신에 있는 자들은 하나님을 기쁘시게 할 수 없습니다.

롯은 아브라함처럼 믿음으로 의롭다 함을 받은 의인이었습니다. 하지만 롯과 그의 아내는 육신의 생각을 따라 살았고 하나님을 기쁘시게 할 수 없었으며 결국 모든 것을 잃고 말았습니다. 가인과 육신의 생각에서 나온 그의 제사도 하나님을 기쁘시게 할 수 없었습니다. 하갈과 이스마엘은 아브라함과 사라의 육신의 생각에서 나온 육신의 열매였고, 에서는 평생 육신의 생각에 빠져 있었던 사람이며 육신의 생각으로 이방 여인과 결혼했고 한 번도 하나님을 기쁘시게 한 적이 없었습니다. 당신은 어떤 쪽의 사람입니까? 오직 영의 생각을 함으로 하나님을 기쁘시게 하는 사람이 되기 바랍니다.

일곱째, 만일 당신 속에 하나님의 영이 거하시면 당신은 육신에 있지 아니하고 영에 있습니다. 누구든지 그리스도의 영이 없으면 그리스도의 사람이 아닙니다. 그리스도께서 당신 안에 계시면 몸은 죄로 말미암아 죽은 것이나 영은 의로 말미암아 살아 있는 것입니다. 예수를 죽은 자 가운데서 살리신 이의 영이 당신 안에 거하시면 그리스도 예수를 죽은 자 가운데서 살리신 이가 당신 안에 거하시는 그의 영으로 말미암아 당신의 죽을 몸도 살리실 것입니다.

당신 속에 계신 성령님이 얼마나 크고 강하신 분인지 알아야 합니다. 육신의 생각을 버리고 영의 생각을 할 수 있도록 당신을 도울 수 있는 분은 오직 성령님 한분뿐이십니다. 그분을 의지하십시오.

육신에게 져서 육신대로 살면 안 됩니다. 육신대로 살면 반드시 죽습니다. 영으로써 몸의 행실을 죽이면 삽니다. 무릇 하나님의 영으로 인도함을 받는 사람은 곧 하나님의 아들입니다. 당신은 다시 무서워하는 종의 영을 받지 아니하고 양자의 영을 받았으므로 '아빠 아버지'라고 부르짖습니다. 성령이 친히 당신의 영과 더불어 당신이 하나님의 자녀인 것을 증언하십니다. 하나님의 자녀는 예수님이 그랬던 것처럼 오직 하나님 아버지만 기쁘시게 해 드려야 합니다. 사람을 기쁘게 하는 사람의 종이 되면 안 됩니다.

여덟째, 당신이 자녀이면 또한 상속자 곧 하나님의 상속자요 그리스도와 함께 한 상속자니 당신이 그분과 함께 영광을 받기 위하여 고난도 함께 받아야 합니다. 현재의 고난은 장차 당신에게 나타날 영광과 비교할 수 없습니다. 당신이 겪는 모든 고난은 잠깐 곧 일시성이요 당신이 받을 모든 영광은 영원 곧 일관성입니다.

일시성을 따라 살지 말고 일관성을 따라 살아야 합니다.

육신의 생각을 따라 살며 하나님과 원수가 되어 왕궁에 천년 동안 사는 것보다 영의 생각을 따라 살며 하나님과 친구가 되어 움막에 하루 동안 사는 것이 낫습니다. 부모 자녀 형제와 원수가 되더라도 하나님과는 절대로 원수가 되지 마십시오. 나는 모든 것을 잃고 모든 사람과 원수가 되더라도 하나님과 원수 되는 길이 아닌 생명과 평안의 길을 따라 살기로 선택했습니다. 이것이 지혜입니다.

당신도 나처럼 좋은 편을 선택하기 바랍니다.

그러면 자손 천대까지 복을 받을 것입니다.

성령님, 당당히 누리며 살게 해주세요

당신은 그동안 어떤 복을 받았습니까?

나는 그동안 하나님의 자녀로 많은 복을 받아 누렸습니다.

목사, 전도사, 장로, 집사와 달리 '하나님의 자녀'는 직분이 아닌 신분입니다. 직분은 섬기고 봉사하는 위치이며, 자녀는 받아서 누리는 위치입니다. 나는 네 명의 자녀에게도 늘 이렇게 말했습니다.

"너희들은 목사 아들이기 전에 하나님의 자녀다. 사람들 눈치 보지 말고 하나님 앞에서 당당하게 살아라. 그리고 하나님께 무엇이든지 구하고 받아서 누릴 자격이 있다. 덩실덩실 춤추며 살아라."

당신도 하고 싶은 거 하며 살라

사람들은 나를 보면서 부러워하며 이렇게 말합니다.

"김열방 목사님은 하고 싶은 거 하며 살아. 나도 그러고 싶어."

나는 그들에게 말합니다.

"당신도 하고 싶은 거 하면서 사세요. 그래도 됩니다."

그러면 그들은 온갖 이유와 핑계를 댑니다.

"정말 그렇게 해도 되나요? 확신이 안 생겨요."

"사람들의 비난이 두려워요."

"돈이 없어요."

그러면 아무것도 할 수 없습니다. 나도 확신이 없었고 사람들의 비난이 두려웠고 돈이 없었지만 그런 이유와 핑계에 머물지 않고 성령님의 음성에만 귀를 기울이며 모든 일을 시도했습니다. "아무것도 시도하지 않으면 아무것도 얻을 수 없다"는 말이 있습니다.

믿음은 가만히 앉아서 기도만 하는 것이 아닙니다. 기도했으면 받았다고 믿고 하나님의 음성을 따라 일어나서 움직여야 합니다.

주님께서 당신에게 웃으며 말씀하십니다.

"내 사랑하는 아들딸아, 하고 싶은 거 하며 살아라."

"돈 때문에 걱정하지 마라. 1년 치를 하루 만에 벌 수도 있다."

"사람들이 뭐라 하든지 상관 말고 내 말만 들어라."

"예수가 너의 모든 저주를 담당했다. 너는 하나님의 자녀로서 모든 것을 누릴 자격이 있다. 너는 종이 아닌 아들이다."

천년의 갑절을 살아도 누리지 못하면 소용없다

천년의 갑절을 살아도 누리지 못하면 무슨 소용이 있습니까?

"그가 비록 천 년의 갑절을 산다 할지라도 행복을 보지 못하면 마침내 다 한 곳으로 돌아가는 것뿐이 아니냐?"(전 6:6)

당신은 그리스도 안에서 새로운 피조물이 되었습니다.

당신은 그리스도 안에서 모든 것을 누릴 자격이 있습니다.

당신은 그리스도 안에서 의와 성령 충만과 건강과 부요와 지혜와 평화와 생명을 받았습니다. 그리고 당신이 생각하고 말한 대로 다 응답받습니다. 나는 지금까지 기도 응답을 통해 모든 것을 받아 누렸습니다. 내가 가진 모든 것은 하나님께 은혜로 받은 것입니다.

바울은 "모든 것은 하나님이 주셨다"고 했습니다.

"네게 있는 것 중에 받지 아니한 것이 무엇이냐?"(고전 4:7)

당신도 하나님께 구하면 다 받습니다. 하나님은 사람을 외모로 차별하지 않고 똑같이 대하십니다. 무엇이든 구하십시오.

하나님은 우리에게 무엇이든지 구하라고 속량의 은혜와 예수 이름의 권세를 주셨습니다. 그런데 많은 사람들이 잘못된 신학과 자기 기준, 체면 때문에 하나님께 당당하게 구하지 못합니다. 그래서 못 받습니다. "내가 하나님께 뭐 하나 제대로 한 것도 없는데 무슨 면목으로 이런 것까지 구하지? 체면이 안 서. 그리고 내가 이런 걸 받아 누려도 될까? 주위 사람들이 뭐라고 하면 어떡하지?"

그렇지 않습니다. 당신은 만왕의 왕이신 하나님의 자녀입니다.

당신도 그분께 모든 좋은 것을 받아 누릴 자격이 있습니다. 그러므로 부정적인 사람의 말에 주눅 들지 말고 무엇이든 담대하게 구해서 받아 누리십시오. 그것이 당신을 향한 하나님의 뜻입니다.

"그를 향하여 우리가 가진 바 담대함이 이것이니 그의 뜻대로 무엇을 구하면 들으심이라. 우리가 무엇이든지 구하는 바를 들으시는 줄을 안즉 우리가 그에게 구한 그것을 얻은 줄을 또한 아느니라."(요일 5:14~15)

당신의 꿈과 소원에 10원도 보태 주지 않으면서 부정적인 말을 하고 당신이 하나님의 자녀로서 기도하고 응답받아 누리는 것을 매번 가로 막는 사람들이 있습니다. 예수님의 제자들까지도 종종 그랬습니다. 소경 바디매오가 예수님께 나아갈 때 제자가 "잠잠하라"며 막았고, 마리아가 향유를 부을 때도 제자가 비난했습니다. 그런 부정적인 말과 비난의 벽을 뛰어넘어야 복을 받아 누립니다.

가나안 여인이 그랬습니다.

"예수께서 거기서 나가사 두로와 시돈 지방으로 들어가시니 가나안 여자 하나가 그 지경에서 나와서 소리 질러 이르되 주 다윗의 자손이여 나를 불쌍히 여기소서 내 딸이 흉악하게 귀신 들렸나이다 하되 예수는 한 말씀도 대답하지 아니하시니 제자들이 와서 청하여 말하되 그 여자가 우리 뒤에서 소리를 지르오니 그를 보내소서. 예수께서 대답하여 이르시되 나는 이스라엘 집의 잃어버린 양 외에는 다른 데로 보내심을 받지 아니하였노라 하시니 여자가 와서 예수께 절하며 이르되 주여 저를 도우소서. 대답하여 이르시되 자녀의 떡을 취하여 개들에게 던짐이 마땅하지 아니하니라. 여자가 이르되 주여 옳소이다마는 개들도 제 주인의 상에서 떨어지는 부스러기를 먹나이다 하니 이에 예수께서 대답하여 이르시되 여자여 네 믿음이 크도다 네 소원

대로 되리라 하시니 그 때로부터 그의 딸이 나으니라."(마 15:21~28)

예수 이름을 가진 사람은 다 가진 사람이다

"다른 사람들은 다 가진 것 같아. 나는 이게 뭐야?"

그들도 다 가진 것이 아닙니다. 각자 하나님께 구해서 응답 받은 몇 가지만 가졌을 뿐입니다. 하나님이 보실 때 우리 모두는 종이 한 장 차이입니다. 위에서 보면 10층 빌딩이나 100층 빌딩이나 같습니다. 100만 원을 가졌든 100억을 가졌든, 100만 원을 잃었든 100억을 잃었든 큰 것이 아닙니다. 그 모든 것을 작게 여기고 항상 크게 생각하십시오. 크게 생각하면 모든 문제가 쉽게 해결됩니다.

"크게 생각하라. 하나님을 경외하라."

당신은 가지지 않은 것이 무엇이라고 생각됩니까?

멋진 사람과 결혼해서 자녀를 많이 낳는 것, 벤츠와 아파트와 빌딩을 사는 것, 하루에 1억을 버는 것, 세계 일주, 많은 책을 써내고 강연하는 것 등은 모두 하나님이 더하시는 작은 복에 불과합니다.

당신 안에 계신 그리스도는 우주보다 큰 복이며, 당신 밖에 있는 만물은 티끌처럼 작은 복입니다. 당신은 이미 큰 복을 받았습니다.

작은 복에 대해 너무 예민하게 반응하지 말고 숨 쉬고 물마시듯 자연스럽게 받아들이십시오. 인생에 있어 진짜 큰 복은 그의 나라와 그의 의입니다. 그의 나라와 그의 의는 '그리스도'를 말합니다.

당신이 예수 그리스도를 구주로 믿고 있다면 이미 그의 나라와 그의 의를 당신 안에 소유하고 있습니다. 그러므로 매일 그것을 달라고 다시 구할 필요가 없습니다. '그것'이 아닌 '그분'이죠.

그의 나라와 그의 의는 한 마디로 말하면 '예수 이름'입니다.

만물을 크게 생각하지 마십시오. 만물을 크게 생각하면 당신의 인생이 요동칩니다. 세상의 금은보화는 있어도 없어도, 많아도 적어도, 그것과 상관없이 당신은 그리스도 안에서 이미 부요합니다.

당신은 우주의 재벌 총수이신 하나님의 자녀입니다.

당신은 만왕의 왕이신 하나님의 자녀다

당신이 기뻐해야 할 이유는 바로 이것입니다.

"너희 이름이 하늘에 기록된 것으로 기뻐하라."(눅 10:20)

큰 능력이나 큰 지혜, 큰 재물이 나타나면 기뻐하라고 하지 않았습니다. 그런 것들은 하나님이 덤으로 주시는 선물입니다.

당신이 기도하고 구한 후에 받았다고 믿고 조금도 의심하지 않으면 어느 날 하루 만에 그 모든 것이 현실로 나타날 것입니다.

나도 원래 빈손이었고, 하나님께 구하므로 모든 것을 받았습니다. 내가 하나님께 작은 복들을 받을 수 있었던 비결은 다름 아닌 '예수 이름'이었습니다. 그래서 나는 당신에게 이렇게 말합니다.

"예수 이름을 가진 사람은 다 가진 사람이다."

예수님은 요한복음 14장 14절에 말씀하셨습니다.

"내 이름으로 무엇이든지 내게 구하면 내가 시행하리라."

베드로는 성전 미문에 앉은 앉은뱅이에게 말했습니다.

"은과 금은 내게 없거니와 '내게 있는 이것을 네게 주노니' 나사렛 예수 그리스도의 이름으로 일어나 걸으라."(행 3:6)

당신도 나처럼 작은 복들을 받아 누릴 수 있습니다. 당신이 예수 이름을 가졌으면 이미 다 가진 것이며, 부러울 것이 없습니다.

당신에게 있는 '예수 이름'과 '하나님의 믿음'을 활용하십시오.

하나님의 믿음은 "기도하고 구하는 것은 기도하고 구하는 중에 이미 받았다"고 믿는 믿음입니다. 기도와 응답은 동시입니다.

당신도 원점을 51억으로 정하라

억만장자 마인드를 아십니까? 큰 꿈과 소원을 가진 후에 기도하고 구한 다음 시간과 공간을 초월해서 이미 받았다고 믿고 그렇게 사는 것이 억만장자 마인드입니다. 그러면 진짜 그대로 됩니다.

나는 억만장자 마인드로 살고 있고 '억만장자 세미나'를 열어 많은 사람들을 도와주었습니다. 나는 재정 축복에 관한 책으로 〈내 인생을 바꾼 억만장자 마인드〉〈생각하라, 그러면 억만장자가 되리라〉〈나는 억만장자다〉〈그래도 너는 억만장자다〉〈재벌로 사는 비결〉등의 책을 써냈습니다. 내 책을 읽은 사람 중에는 1년에 100억을 번 사람도 있고 벤츠와 아파트, 빌딩을 산 사람도 있습니다. 당신도 이 책을 모두 읽고 실천하여 억만장자가 되기 바랍니다.

일본의 한 사업가는 억만장자가 되어 일본 전역을 다니며 '억만장자 세미나'를 열고 있습니다. 그는 이전에 사업에 크게 실패하여 50억이라는 빚을 지고 야반도주한 적이 있었습니다. 노숙자가 된 그는 자신이 재기하려면 무조건 50억이 있어야 하고 거기에 1억이 더 있어야 그 1억이 자기 돈이 된다고 생각했습니다. 그래서 그는 출발점, 시작점, 원점을 최소한 51억으로 정해야 했습니다.

"나는 최소한 51억을 벌어야 한다. 그래야 1억이 내 돈이다."

그는 자신의 원점을 51억으로 잡고 다시 시작했습니다.

'어떻게 하면 내가 다시 일어나 대부호가 될 수 있을까?'

깊이 고민하다가 하루는 성경 구절을 발견했습니다. "그러므로 내가 너희에게 말하노니 무엇이든지 기도하고 구하는 것은 받은 줄로 믿으라. 그리하면 너희에게 그대로 되리라."(막 11:24)

"맞아, 나는 51억을 가졌어. 나는 그것을 받았어. 그 돈이 내 손에 들어와 있어. 하나님, 감사합니다."

받았다는 믿음으로 감사하며 생활하자 실제로 4년 만에 60억을 벌게 되었습니다. 50억의 빚을 갚고도 10억이 남았습니다. 그 후로도 계속 돈을 벌어 100억대의 부자가 되었고 현재는 책을 출간한 후에 일본 전역을 다니며 억만장자 세미나를 열고 있습니다.

그는 말하기를 "동전으로 시작해도 믿음이 있고 돈 버는 원리만 알면 누구든지 대부호가 될 수 있다"고 했습니다. 그렇습니다. 방법만 알면 억만장자가 되는 것은 쉽습니다. 당신도 가능합니다.

나도 하나님께 백배, 천배의 복을 받았습니다. 나는 모든 것에 모든 것이 넉넉하여 모든 착한 일을 넘치게 하고 있습니다. 이 책을 읽는 당신도 나처럼 모든 것을 풍성히 받아 누릴 수 있습니다.

하나님은 사람을 차별하지 않으시며 우리 모두에게 부요하신 좋은 분입니다. 자비하신 하나님은 그리스도 안에서 당신에게도 풍성한 복을 주십니다. 성경은 "유대인이나 헬라인이나 차별이 없음이라. 한 분이신 주께서 모든 사람의 주가 되사 그를 부르는 모든 사람에게 부요하시도다"(롬 10:12)라고 말씀합니다.

하나님은 무엇에 부요하실까요? 전인 구원에 부요하십니다.

의와 성령 충만, 건강과 부요, 지혜와 평화와 생명에 있어 부요하십니다. 당신은 그리스도 안에서 이러한 일곱 가지의 풍성한 은혜를 날마다 경험하며 살 수 있습니다. 이 모든 것이 부요한 하나님이 당신 안에 실제로 살아 계십니다. 얼마나 놀라운 사실입니까?

세상에서 당신이 받을 수 있는 복은 단순히 눈에 보이는 물질의 복이 전부가 아닙니다. 가장 큰 복은 '저주를 주는 마귀'가 아닌 '복을 주시는 하나님'이 당신 안에 살아 실제로 계신다는 것입니다.

"창조주 하나님이 내 안에 계신다."

성령님은 내 안에 계신 하나님이다

하나님은 지금 어디에 계실까요?

하나님은 시대마다 물리적인 거리를 달리 하셨습니다.

첫째, 구약 시대에는 '멀리 계신 여호와'였습니다.

"여호와께서 이르시되, 내가 애굽에 있는 내 백성의 고통을 분명히 보고 그들이 그들의 감독자로 말미암아 부르짖음을 듣고 그 근심을 알고 '내가 내려가서' 그들을 애굽인의 손에서 건져내고 그들을 그 땅에서 인도하여 아름답고 광대한 땅, 젖과 꿀이 흐르는 땅 곧 가나안 족속, 헷 족속, 아모리 족속, 브리스 족속, 히위 족속, 여부스 족속의 지방에 데려가려 하노라."(출 3:7~8)

둘째, 신약 시대에는 '가까이 계신 예수님'이었습니다.

"예수께서 이르시되, 빌립아 내가 이렇게 오래 너희와 함께 있으되 네가 나를 알지 못하느냐? 나를 본 자는 아버지를 보았거늘 어찌하여 아버지를 보이라 하느냐? 내가 아버지 안에 거하고 아버지는 내 안에 계신 것을 네가 믿지 아니하느냐? 내가 너희에게 이르는 말은 스스로 하는 것이 아니라 아버지께서 내 안에 계셔서 그의 일을 하시는 것이라."(요 14:9~10)

셋째, 오늘날에는 '내 안에 계신 성령님'이십니다.

"너희는 너희가 하나님의 성전인 것과 하나님의 성령이 너희 안에 계시는 것을 알지 못하느냐?"(고전 3:16)

우리가 예수를 구주로 믿고 성령으로 거듭난 순간 우리 몸은 하나님이 거하시는 성전이 되고 하나님의 성령이 우리 안에 실제로 가득히 거하시게 됩니다. 성령님은 하나님이십니다.

성령님은 내 안에 계신 창조주 하나님이십니다.

"창조주 하나님이 내 안에 계신다."

이것보다 더 큰 복과 기적과 은혜는 세상 어디에도 없습니다.

이제 성부 성자 성령 하나님은 우리 안에 거하고 계십니다.

"우리가 그에게 가서 거처를 그와 함께 하리라."(요 14:23)

그렇다면 우리는 어떻게 신앙생활을 해야 할까라는 큰 고민이 생기게 됩니다. 인생에 엄청난 개혁이 일어날 수밖에 없습니다.

어떻게 하면 될까요? 마인드 곧 관점을 바꿔야 합니다.

관점(觀點, perspective, viewpoint)은 사물을 관찰하거나 고찰할 때, 그것을 바라보는 방향이나 생각하는 입장을 말하며 한 마디로 '보는 점'입니다. 사전에는 관점을 이렇게 설명하고 있습니다.

'말이나 글 또는 어떠한 행동으로 나타내는 내용'
'무엇을 바라거나 이루겠다고 속으로 품고 있는 마음'
'어떠한 일이나 행동을 하는 가치나 중요성'

우리가 하나님께 복을 받으려면 내 관점을 내려놓고 하나님의 관점을 가져야 합니다. 하나님의 관점은 무엇일까요? 이것입니다.

"나는 네 안에 거하는 하나님이다."
"나는 네게 세계적인 복을 주기를 원한다."
"나는 오직 속량의 은혜로만 모든 복을 준다."

이 세 가지가 명확하게 정립되어야 복을 받을 수 있습니다.

첫째, 하나님은 멀리 계신 분이 아닙니다. 아주 가까이, 곧 내 안에 계신 분입니다. 내 안에 계신 하나님이 곧 성령님이십니다. 많은 사람들이 자기 안에 거하시는 성령님을 하나님으로 인정하지 않습니다. 여호와는 창조주 하나님으로 인정하고, 예수님은 구원자 하나님으로 인정하지만, 성령님은 자기 안에 조용히 머무시는 아주 작고 연약한 아기로 여깁니다. 그분을 하나님으로 인정해야 합니다.

당신의 몸은 하나님의 성전이 되었고 하나님은 당신 안에 실제로 거하고 계십니다. "하나님이 내 안에 계신다." 이것이 가장 큰 기적이고 종교 개혁입니다. 나는 내 안에 계신 하나님께 기도합니다.

기도는 밤낮 울며 비는 것이 아닙니다. 딸이 아빠와 대화하듯 그분과 친밀하게 대화하는 것입니다. 그분은 인격자이십니다.

둘째, 하나님은 그분의 자녀가 겨우 먹고 살 정도의 작은 복을 주시는 분이 아닙니다. 그분의 자녀가 꼬리가 아닌 머리가 되게 하시고 아래에 있지 않고 위에만 있고 또 세계적인 복을 받아 마음껏 누리기를 원하십니다. 그분은 "내가 너로 모든 민족 위에 뛰어나게 하고 많은 민족에게 꾸어 줄 정도의 큰 복을 주겠다"고 약속하셨습니다. 이러한 신명기 28장의 관점으로 당신의 의식 수준과 언어 수준, 생활 수준과 사업 수준을 높여야 합니다. 그리고 주위 사람들의 부정적인 말에 따라 그 수준을 조금이라도 낮추지 말아야 합니다.

하나님은 당신이 손으로 짓지 아니한 아름다운 집을 주기를 원하시는데 당신이 움막집만 생각하고 있다면 결코 그분의 복을 받아 누릴 수 없습니다. 성경을 자세히 읽고 성경에서 말씀하는 하나님의 관점에 맞춰 당신의 관점을 조정하고 바꿔야 합니다.

당신의 선입견과 완고한 마음과 고집을 모두 버리고 하나님의 말씀 앞에 항복하십시오. 그래야 하나님이 주시는 복을 모두 담는 큰 그릇이 될 수 있습니다. 날마다 생각의 그릇을 더 키우십시오.

셋째, 하나님은 육신의 행위에 따라 복을 주시지 않고 속량의 은혜에 근거해서 복을 주십니다. 그러므로 성경을 볼 때 육신의 관점으로 해석하며 잘못된 선택을 하지 말고 은혜와 성령의 관점으로 해석하며 올바른 선택을 해야 합니다. 도대체 육신의 관점과 성령의 관점은 무엇일까요? 성경 인물을 통해 쉽게 알 수 있습니다.

아벨과 가인 중에, 가인은 육신의 관점입니다.
아브라함과 롯 중에, 롯은 육신의 관점입니다.
사라와 하갈 중에, 하갈은 육신의 관점입니다.
이삭과 이스마엘 중에, 이스마엘은 육신의 관점입니다.
야곱과 에서 중에, 에서는 육신의 관점입니다.
다윗과 사울 중에, 사울은 육신의 관점입니다.
마르다와 마리아 중에, 마르다는 육신의 관점입니다.

놀랍게도 많은 사람들이 하나님의 관점이 아닌 인간의 관점으로 성경을 해석하려고 합니다. 성령의 관점이 아닌 육신의 관점으로 성경을 이해하려고 합니다. 은혜의 관점이 아닌 행위의 관점으로 성경을 받아들이려고 합니다. 하나님의 관점은 이렇게 말씀합니다.

"내가 야곱은 사랑하고 에서는 미워하였다."(롬 9:13)

그러면 우리도 하나님의 관점을 따라 그분의 뜻을 이해하고 해석하고 받아들여야 합니다. 하나님의 말씀 앞에 내 관점, 내 기준, 내 판단, 내 생각은 모두 내려놓고 항복해야 합니다. 그런데 어떤 사람은 그렇게 하지 않습니다. 에서가 자기와 닮은 점이 많다며 하나님의 관점이 아닌 육신의 관점을 따라 에서 쪽을 선택합니다.

"나는 하나님의 관점과 반대야. 나는 야곱보다 에서가 좋아. 야곱은 싫어. 에서의 입장에서 생각해보면 인간적으로 그가 충분히 이해 돼. 야곱은 간사한 사람이고 여러 모로 내 마음에 안 들어."

"나는 하나님의 관점과는 반대야. 나는 마리아보다 마르다가 더 좋아. 예수님이 '마리아가 더 좋은 편을 선택했다, 결코 빼앗기지 않는다'고 말씀했지만 내 생각에는 그렇지 않아. 교회든 회사든 집이든 남을 위해 땀 흘리며 열심히 봉사하는 사람이 최고야."

"나는 하나님의 관점과는 반대야. 하나님은 사라와 이삭을 보배롭게 여겼지만 나는 하갈과 이스마엘이 더 좋아. 그들의 입장이 되어 봐. 얼마나 안쓰럽고 불쌍해. 나도 그런 위치에 처해 있어."

이런 사람은 육신의 사람이고 성령의 사람이 아닙니다. 자기가 주인이 되어 자기 기준을 고집하며 그것을 하나님의 기준보다 더 크게 여기는 것입니다. 하나님의 기준 앞에 항복해야 합니다.

로마서 1장 21절에 "미련한 마음이 어두워졌다"고 했습니다.

"미련한 마음"이란 '터무니없는 고집을 부릴 정도로 매우 어리석다'는 뜻이고 "어두워졌다"는 말은 '굳어졌다'는 뜻입니다. 하나님의 영적인 관점 앞에 자신의 육신적인 관점을 항복시켜야 합니다.

육신의 관점을 버리고 그런 관점을 가진 사람들과의 관계는 끊고 멀리 하십시오. 그렇지 않으면 하나님의 복을 받아 누릴 수 없습니다. 그들을 기쁘게 하면서 계속 비참한 삶을 살 것입니까? 아니면 하나님을 기쁘시게 하면서 비옥한 삶을 살 것입니까? 결국 인생은 선택입니다. 하나님은 다윗을 왕으로 세우시고 말씀하셨습니다.

"내가 이새의 아들 다윗을 만나니 내 마음에 합한 사람이라. 내

뜻을 다 이루게 하리라."(행 13:22)

다윗처럼 하나님의 마음에 합한 사람만 복을 받습니다. 사울처럼 완고한 마음으로 하나님의 관점과 반대의 길로 가면 안됩니다.

"사무엘이 이르되, 여호와께서 번제와 다른 제사를 그의 목소리를 청종하는 것을 좋아하심 같이 좋아하시겠나이까? 순종이 제사보다 낫고 듣는 것이 숫양의 기름보다 나으니 이는 거역하는 것은 점치는 죄와 같고 완고한 것은 사신 우상에게 절하는 죄와 같음이라. 왕이 여호와의 말씀을 버렸으므로 여호와께서도 왕을 버려 왕이 되지 못하게 하셨나이다 하니."(삼상 15:22~23)

하나님의 말씀과 성령님의 세미한 음성, 예수 그리스도의 속량의 복음을 따라 당신의 관점을 바꾸십시오. 육신의 관점을 멀리 하고 하나님의 관점을 가까이하는 사람이 복된 사람입니다.

다윗은 하나님의 관점을 선택한 사람이었습니다. 그는 왕이 되고 모든 것을 가졌을 때 "여호와는 목자시니 내가 부족함이 없다. 내 잔이 넘친다"고 말한 것이 아니었습니다. 어린 시절 목동으로 지내며 아무것도 없고, 무명의 시절을 보내며 아무에게도 인정받지 못할 때부터 그런 고백을 했습니다. 이것이 하나님의 믿음입니다.

다윗은 손에 아무것도 없었지만 다 가졌다고 말했습니다.

믿음은 '바라는 것들'이 아닌 '바라는 것들의 실상'입니다.

나는 매일 아침, 성령님께 아침 인사를 한 후에 시간과 공간을 초월해서 내가 구한 모든 것을 주셔서 감사하다고 말씀드립니다.

"성령님, 제가 거룩한 삶을 살게 해주셔서 감사합니다."

"성령님, 저를 인도해 주셔서 감사합니다."

"성령님, 제가 꿈을 모두 이루게 해주셔서 감사합니다."

당신도 모든 것을 받은 줄로 믿고 감사하며 춤추기 바랍니다.

당신은 그리스도 안에서 이미 다 가진 자입니다.

당신은 그리스도 안에서 의인입니다.

당신은 그리스도 안에서 성령 충만합니다.

당신은 그리스도 안에서 건강합니다.

당신은 그리스도 안에서 부요합니다.

당신은 그리스도 안에서 지혜롭습니다.

당신은 그리스도 안에서 평화를 가졌습니다.

당신은 그리스도 안에서 생명을 가졌습니다.

"주의 어떠하심과 같이 우리도 세상에서 그러하니라"(요일 4:17)
고 했습니다. 천국에 가서만 그러한 것이 아니라 이 세상에서도 그
러합니다. 당신은 그리스도 안에서 새로운 피조물이 되었으며, 그
리스도 안에 있으며, 그리스도와 함께 하늘에 앉힌 바 되었습니다.

"그렇게 될 것이다"라고 말하지 마십시오.

"그렇게 되었다"고 말하십시오.

그러면 그대로 될 것입니다.

성령님, 믿음의 은사를 일으켜 주세요

당신은 하루에 몇 번 응답을 받습니까?

수천 명의 고아들을 키운 '고아들의 아버지'라 불리는 죠지 뮐러 (George Muller, 1805~1898)는 일평생 5만 번의 기도 응답을 받았다고 합니다. 당신도 그런 응답을 쉽게 받을 수 있습니다.

나는 하나님께 엎드려 애타게 울며 '비는 기도'를 하지 않습니다. 그런 기도는 이방인의 기도 방식입니다. 나는 한 번 기도하고 구한 다음, 그것을 이미 받았다고 믿는 '믿음의 기도'를 합니다.

"성령님, 제가 구한 것을 주셔서 감사합니다."

하나님의 자녀는 이방인처럼 똑같은 기도를 수백 번 반복하며 비는 기도를 하거나, 이방인이 지각없는 바위에게 말하듯 그 앞에 엎드려 울며 제발 응답해 달라고 떼를 부릴 필요가 없습니다.

하나님은 그분의 자녀인 당신보다 억만 배나 지각이 뛰어나신 분입니다. 그분은 당신에게 모든 것이 있어야 할 줄을 당신보다 더 잘 아십니다. 당신이 어떤 것을 구하기도 전에 이미 다 아십니다.

그러므로 아무 일에도 조바심을 가지며 염려할 필요가 없고 오직 감사하는 마음으로 구하면 됩니다. 그리고 기도하고 구한 것을 시간과 공간을 초월해서 이미 다 받았다고 믿어야 합니다.

"아무것도 염려하지 말고 다만 모든 일에 기도와 간구로, 너희 구할 것을 감사함으로 하나님께 아뢰라. 그리하면 모든 지각에 뛰어난 하나님의 평강이 그리스도 예수 안에서 너희 마음과 생각을 지키시리라."(빌 4:6~7)

하나님을 바보 미련한 분으로 여기지 마십시오. 그분은 온 천지에 있는 어떤 사람이나 동물보다 더 뛰어난 지각을 갖고 계십니다.

당신의 모든 기도는 1초도 늦지 않고 다 응답될 것입니다.

나는 날마다 그런 경험을 하며 행복하게 삽니다.

크신 하나님께 큰 것을 구하라

당신은 하나님께 얼마의 돈을 구해 보았습니까?

당신의 세치 혀로 매일 만 원씩 구해 5천 일 동안 5천 번의 기도 응답을 받을 수도 있고, 하루에 5천만 원이나 5천억을 받을 수도 있습니다. 하루에 만 원을 구하고 받은 사람의 입장에서 보면 5천만 원을 받은 사람이 자기보다 5천 배로 많이 받은 것과 같습니다.

나는 며칠 전에 양말이 많이 해어져 바꾸면 좋겠다고 생각했는데 하나님께서 친구를 통해 30켤레를 주셨습니다. 또 손 소독제가 떨어져 오늘 내일 인터넷으로 주문하려고 했는데 하나님께서 최고급으로 두 박스 곧 200개를 주셨습니다. 이처럼 하나님은 생각만 해도 주십니다. 그것도 조금이 아닌 많이 주십니다. 돈도 그렇습니다.

내가 3개월 전에 천만 원이 필요해서 구했는데 하나님은 1억을 주셨습니다. 당신도 하나님께 작은 돈만 구하지 말고 당신의 힘으로 해결할 수 없는 돈 곧 10억, 100억, 천억의 돈을 구하십시오.

'하나님, 10억, 100억이 있으면 좋겠어요. 천억이 필요해요'라며 마음으로 생각만 해도 하나님은 초자연적인 기적을 베푸십니다. 하나님은 당신이 온갖 구하는 것이나 생각하는 대로 주시지 않습니다. 당신이 온갖 구하는 것이나 생각하는 것에 더 넘치게 주십니다.

에베소서 3장 20절에 "우리 가운데서 역사하시는 능력대로 우리의 온갖 구하는 것이나 생각하는 것에 더 넘치도록 능히 하실 이에게"라고 말씀했기 때문입니다. 이 말씀을 인정하고 믿기 바랍니다.

하나님은 당신에게 100억, 천억의 돈을 주실 것입니다. 나는 가끔 돈 문제에 한계가 왔다는 사람에게 이런 믿음의 말을 해줍니다.

"당신은 하루 만에 빌딩 한 채를 사게 될 것이다."

불황과 상관없이 부요 믿음으로 살라

당신은 전능하신 하나님께 무엇을 구하고 있습니까?

기왕이면 작은 것을 구하지 말고 큰 것을 구하십시오.

기도할 때 밑바닥 위치에서 허접한 것을 구하지 말고 상류 위치에서 훌륭한 것을 구해서 받아 누리기 바랍니다. 자동차도 소형 중고차만 구하지 말고 메르세데스 벤츠를 구하기 바랍니다.

벤츠 구매량이 중국이 1위, 미국이 2위이고 우리나라가 세계 3위입니다. 그것도 1억이 훌쩍 넘는 벤츠 S클래스 구매량이 67,000대나 됩니다. 그 중에 하나님의 자녀는 과연 몇 명이나 될까요?

그런 차를 타는 것은 죄가 아닙니다. 만약 그런 것이 죄라면 벤츠 회사는 '마귀의 소굴'이라고 불러야 할 것입니다. 목사님이 설교 시간에 "교인들은 그런 좋은 차, 비싼 차를 몰고 다니면 안 돼. 싸구려 똥차를 몰고 다녀야 돼"라고 말하면, 벤츠 타는 사람들은 정죄와 책망, 꾸지람과 비난을 하는 그 교회에 출석할 수 없기 때문에 모두 다른 교회에 갈 것입니다. 벤츠 회사 사장도 예수를 믿고 구원을 받아야 합니다. 그 사람은 교회에 아우디를 몰고 오지 않을 것입니다.

"예수 믿고 구원 받으려면 똥차를 몰고 와야 돼."

부요하신 창조주 하나님은 그렇게 말씀하지 않으십니다.

왜 불교 신자, 천주교 신자, 이단과 사이비 종교인, 무신론자들이 벤츠를 타고 다니고 창조주 하나님의 자녀인 기독교인들은 그들이 타다 내놓은 똥차, 침수된 차, 사고 난 차, 고장 난 차, 폐차 직전의 차를 사겠다고 밤낮 중고차 시장을 기웃거려야 할까요? 좋은 차를 몰고 좋은 집에 살면 안 될까요? 어제 신문에 난 기사를 하나 보았는데 너무 안타깝고 슬펐습니다. "100년 만에 내린 폭우로 반 지하가 침수 되어 가족이 모두 죽었는데 다 독실한 기독교 신자였다."

하나님은 그분의 자녀가 쾌적하고 좋은 집과 차를 누리기 원하십니다. 그러므로 우리의 생각을 바꾸고 부요 믿음을 가져야 합니다.

"그런 비싼 차를 사면 헌금과 구제를 못하잖아요."

그렇지 않습니다. 하나님은 한 가지만 아닌 모든 것에 모든 것이 넉넉하여 모든 착한 일을 넘치게 하게 하시는 부요하신 분입니다.

당신의 생각을 크게 하고 의식 수준을 높이기 바랍니다.

나는 전국과 세계를 다니며 강연하기 때문에 기독인 사업가들을 자주 만나는데, 그들 중에 많은 사람들이 빈껍데기에 궁상 떨이였습니다. 어떤 분은 아파트 단지를 짓는 큰 건설 회사를 운영하며 매출은 수천억이 되어도 100만 원도 못 쓰고, 또 어떤 분은 많은 직원을 거느린 회사 사장인데 커피 값, 식사비, 십일조 때문에 궁상떨며 마음 졸이는 것을 보았습니다. 부요 믿음이 없기 때문입니다.

우리가 부요한 삶을 살려면 원점을 높게 설정해야 합니다.

그래야 그 원점대로 평생 부요한 삶을 살게 됩니다.

종류별로 원점을 높게 정하라

원점(原點, starting point)이 무엇일까요?

시작점, 출발점, 근본점을 말합니다. 사람들이 "원점으로 돌아간다"고 표현할 때 대체로 다음과 같은 부정적인 의미로 씁니다.

"아무리 크게 성공해도 원점, 다시 실패해."

"아무리 다이어트해도 원점, 다시 뚱뚱해져."

"아무리 돈을 많이 벌어도 원점, 다시 빈 통장이 돼."

"아무리 차에 기름을 채워도 원점, 다시 바닥이야."

"아무리 새 신자가 많이 와도 원점, 다시 몇 명만 돼."

"아무리 결제해도 원점, 카드 값이 또 수백만 원이야."

모두 원점을 잘못 설정했기 때문입니다.

그런 원점과 반대로 생각하고 말하면 어떨까요?

"아무리 써도 내 통장에 1억, 10억이 남아 있어."

원점은 본래의 점인데, 구체적이고 높게 정해야 돈 문제가 근본적으로 해결되고 평생 바닥이 아닌 일류의 삶을 살 수 있습니다.

지금 당장 낮은 원점을 버리고 높은 원점을 설정하십시오.

나는 자신과 주위 사람에게 이렇게 말합니다.

"크게 생각하고 크게 말하고 크게 행동하라. 크게 믿어라. 1억, 10억, 100억, 천억의 원점을 정하라. 항상 통장과 지갑에 많은 현금을 소지하라. 궁상떨지 말고 편안한 마음으로 누리고 기부하고 구제하고 헌금하라. 지금보다 백배로 더 크게 생각하라. 500만 원을 500원으로, 천만 원을 천 원으로 여기라. 크게 생각하면 돈 문제는 아무것도 아니다. 작은 돈 때문에 스트레스 받지 마라. 조금도 염려하지 말고 조금도 두려워하지 마라. 어떻게든 다 해결된다. 살아 계신 하나님을 믿는 믿음으로 행복하게 살며 모든 순간을 즐겨라. 돈을 얻든 잃든 상관없이 주 안에서 덩실덩실 춤추라."

성령님, 현금을 많이 소지하게 해주세요

왜 어떤 사람들은 지갑에 항상 돈이 없을까요?

원인과 결과는 단순합니다. "마음의 생각이 어떠하면 그 위인도 그렇다"(잠 23:7)는 말씀처럼 마음의 생각에 현금 원점을 낮게 설정해 놓았기 때문입니다. "믿음은 바라는 것들의 실상이요 보이지 않는 것들의 증거다"(히 11:1)라는 말씀처럼 당신이 바라는 현금 소지액을 정하고 그것을 한 번 구한 다음 받았다고 믿고 감사하십시오.

그러면 그대로 될 것입니다. 잘 안 된다고요? 육신의 생각과 습관 때문입니다. 이렇게 말씀드리며 성령님께 도움을 구하십시오.

"성령님, 현금을 많이 소지하게 해주세요."

당신은 6개월 전, 또는 1년, 3년, 5년, 10년 전과 지금을 비교했을 때 재정적인 면에서 더 안정되고 성장하고 있습니까? 원하는 것을 잘 얻고 있습니까? 아니면 다시 밑바닥 원점으로 자꾸 돌아갑니까? 혹시 지금도 밑바닥 원점을 계속 맴돌고 있지 않습니까?

도대체 왜 그런 걸까요? 당신 안에 원점이 잘못 설정되어 있기 때문입니다. 원점을 높게 잡아야 합니다. 원점을 낮게 잡은 사람들이 많습니다. 모든 인생은 원점 설정에 따라 계속 반복됩니다.

어떤 사람은 죄, 목마름, 병, 가난, 어리석음, 징계, 죽음으로 원점을 설정해 놓았기 때문에 조금 착한 일을 하다가 다시 죄를 짓게 됩니다. 조금 행복하다가 다시 목이 마릅니다. 조금 건강하다가 다시 병이 생깁니다. 조금 돈이 들어오다가 다시 가난해집니다. 조금 지혜로워져서 공부를 잘하다가 갑자기 콱 막힌 듯이 머리가 안 돌아가 시험에 떨어지기를 반복합니다. 조금 마음에 평강이 넘치다가 다시 두려움과 불안에 사로잡힙니다. 조금 얼굴에 생기가 넘치다가 다시 죽음의 그늘이 드리워져 한숨을 쉬며 말합니다.

"아, 죽고 싶어."

나는 사람들에게 제발 그런 생각과 말을 하지 말라고 권합니다.

그런 썩은 원점은 벗어 버려야 합니다. 어떻게 해야 할까요?

"너희는 유혹의 욕심을 따라 썩어져 가는 구습을 따르는 옛 사람을 벗어 버리고 오직 너희의 심령이 새롭게 되어 하나님을 따라 의와 진리의 거룩함으로 지으심을 받은 새사람을 입으라."(엡 4:22~24)

마음에 기쁨이 넘치며 천국 간다고 춤추던 사람이 얼마 안가 "내가 지옥에 가면 어떻게 하지? 하나님께 버림받으면 어떻게 하지"라고 불안해합니다. 그것은 원점을 '죄목병가어징죽'으로 설정해 놓았기 때문입니다. 그런 사람은 원점을 재설정해야 합니다.

당신은 통장 원점을 어떻게 설정했습니까? 나는 억만장자 마인드로 높게 설정해 놓았습니다. 당신도 밑바닥 원점이 아닌 높은 원점을 설정하십시오. 그리고 한 번 구한 후에 받았다고 믿고 기다리십시오. 그러면 자동으로 재정 수위가 그 원점이 됩니다.

"통장마다 백만 원씩 원점을 정해야지."

그 다음에 천만 원, 1억, 10억으로 원점을 더 높게 정하면 실제로 그렇게 됩니다. 백만 원을 원점으로 정했다면 20만 원을 써도 얼마 안 가 다시 백만 원으로 채워집니다. 내가 이 깨달음을 얻은 후에 원점을 구체적으로 설정하자 자동으로 항상 그 원점이 되었습니다. 당신도 다음과 같이 원점을 높게 정해 보십시오.

"통장 열 개에 원점 천만 원씩, 총 1억 원
"통장 열 개에 원점 1억 원씩, 총 10억 원."
"통장 열 개에 원점 10억 원씩, 총 100억 원."
"통장 열 개에 원점 100억 원씩, 총 천억 원."

"천억은 너무 큰돈이 아닌가요?"

아닙니다. 천억으로는 서울 잠실에 있는 꼬마 빌딩 하나밖에 못 삽니다. 잠실 대로변의 땅 한 평이 1억입니다. 300평을 사려면 300억이 있어야 하고 천 평을 사려면 천억이 있어야 합니다. 크게 생각하십시오. 원점을 높게 설정하고 받은 줄로 믿고 감사하십시오.

그렇게 하면 반드시 그대로 될 것입니다.

"그리하면 너희에게 그대로 되리라."(막 11:24)

나는 주님 안에 있기 때문에 부요하다

당신은 주님 안에 있기 때문에 부요합니다.

바울은 빌립보서 4장 4~7절에 이렇게 말했습니다.

"주 안에서 항상 기뻐하라. 내가 다시 말하노니 기뻐하라. 너희 관용을 모든 사람에게 알게 하라. 주께서 가까우시니라. 아무것도 염려하지 말고 다만 모든 일에 기도와 간구로, 너희 구할 것을 감사함으로 하나님께 아뢰라. 그리하면 모든 지각에 뛰어난 하나님의 평강이 그리스도 예수 안에서 너희 마음과 생각을 지키시리라."

이 말씀은 '주 안에 있는 사람의 특징'에 대해 알려줍니다.

그것이 무엇일까요? 하나씩 살펴보겠습니다.

첫째, 주 안에 있는 사람은 항상 부요합니다.

둘째, 주 안에 있는 사람은 항상 기뻐합니다.

셋째, 주 안에 있는 사람은 어제도 오늘도 내일도 항상 기뻐합니다. 일시성의 기쁨이 아닌 일관성의 기쁨으로 살기 때문입니다.

넷째, 주 안에 있는 사람은 자신의 관용을 모든 사람에게 알게 합니다. 재정적인 부분에 있어 궁핍한 사람들이 도움을 구할 때 인색한 마음이 아닌 자비로운 마음으로 그들을 대합니다. 하지만 주인은 주님이시므로 그들을 도울 때 주님께 먼저 묻습니다.

"주님, 어떻게 할까요?"

다섯째, 주 안에 있는 사람은 주께서 아주 가까이 계시며, 초자연적인 손길로 모든 쓸 것을 채우신다는 것을 믿습니다.

여섯째, 주 안에 있는 사람은 아무것도 염려하지 않습니다.

일곱째, 주 안에 있는 사람은 다만 모든 일에 기도와 간구로 문제를 해결합니다. 어떤 경우에도 사람을 의지하지 않습니다.

여덟째, 주 안에 있는 사람은 자신의 구할 것을 감사함으로 하나님께 아룁니다. 하나님께 아뢰기만 하면 그분에게로 모든 짐이 넘어가며, 그분이 알아서 다 해결해 주신다는 것을 알고 있습니다.

아홉째, 주 안에 있는 사람은 모든 지각에 뛰어난 하나님의 평강이 그리스도 예수 안에서 자신의 마음과 생각을 지키신다는 것을 알고 날마다 그것을 경험하며 삽니다.

주님이 당신 안에 계신다는 것만 믿지 말고 당신이 주님 안에 있다는 것도 믿으십시오. 이것이 얼마나 큰 특권이고 큰 은혜입니까?

나는 찬송가 370장 '주 안에 있는 나에게'를 좋아합니다.

"주 안에 있는 나에게 딴 근심 있으랴. 십자가 밑에 나아가 내 짐을 풀었네. 그 두려움이 변하여 내 기도되었고 전날의 한숨 변하여 내 노래되었네. 내 주는 자비하셔서 늘 함께 계시고 내 궁핍함을 아시고 늘 채워 주시네. 내 주와 맺은 언약은 영 불변하시니 그 나라 가기까지는 늘 보호하시네. 주님을 찬송하면서 할렐루야 할렐루야. 내 앞길 멀고 험해도 나 주님만 따라가리."

현금을 많이 소지하고 다녀라

당신은 어느 정도의 현금을 소지합니까?

지갑과 통장에 현금이 많이 있으면 더 부요해집니다.

하나님은 있는 자에게 더 주시고 없는 자에게는 그 있는 것도 빼앗는 분이십니다. 없는 자는 돈 관리를 제대로 못하고 늘 돈에 휘둘리기 때문에 없는 것입니다. 왜 현금을 많이 소지해야 할까요?

첫째, 모든 것을 후히 받아 누리기 위해서입니다. "오직 우리에게 모든 것을 후히 주사 누리게 하시는 하나님께 두며."(딤후 6:17)

둘째, 모든 착한 일을 넘치게 하기 위해서입니다. 남을 도우려면 현금을 많이 소지해야 합니다. "하나님이 능히 모든 은혜를 너희에게 넘치게 하시나니 이는 너희로 모든 일에 항상 모든 것이 넉넉하여 모든 착한 일을 넘치게 하게 하려 하심이라."(고후 9:8)

셋째, 너그럽게 연보하기 위해서입니다. 천만 원을 소지하면 100만 원 헌금하는 것이 쉽고, 100만 원을 소지하면 10만 원 헌금하는 것이 쉽습니다. 당신은 헌금하기 위해 평소에 얼마를 소지합니까? "너희가 모든 일에 넉넉하여 너그럽게 연보를 함은 그들이 우리로 말미암아 하나님께 감사하게 하는 것이라."(고후 9:11)

하나님은 당신이 모든 일에 항상 모든 것이 넉넉하여 모든 착한 일을 넘치게 하기를 원하십니다. 그러려면 현금이 많아야 합니다. 하나님께 현금을 많이 달라고 구하고 받았다고 믿고 현금을 많이 확보하십시오. 그리고 현금을 지갑에 많이 넣어 다니십시오.

한 가수 지망생이 방을 얻어야 하는데 돈이 급히 필요하다고 소속사 대표에게 말하자 그가 물었습니다.

"얼마가 있어야 하는데?"

"2천만 원이 필요합니다."

그러자 대표가 즉시 자기 지갑에서 천만 원짜리 수표 두 장을 꺼내 주었습니다. "자, 이걸로 방 얻어." 그 순간 그는 깜짝 놀랐습니다. 자기에게 2천만 원을 준 것도 놀라운 일이지만 그 돈이 책상 위에 던져진 지갑에서 즉시 나왔기 때문입니다. 당신은 어떻습니까?

만왕의 왕이신 하나님의 자녀가 그 사람처럼 수천만 원의 현금을 지갑에 소지하고 다녀야 하지 않겠습니까? 실제로 교인들 중에는 지갑에 2만 원도 없는 사람이 많습니다. 안타까운 일입니다.

보통 사람들은 돈을 잃어버릴까 봐 겁이 나서 몇 만 원도 지갑에 안 넣어 다닙니다. 제발 생각을 크게 하십시오. 그 정도의 돈은 있어도 그만 없어도 그만이라고 생각할 정도로 크게 생각해야 합니다.

몇 백만 원, 몇 천만 원, 몇 억 때문에 떨지 마십시오.

그 정도는 편하게 쓸 수 있을 정도가 되기 바랍니다.

솔로몬 왕보다 크신 예수님이 당신 안에 실제로 살아 계십니다.

"솔로몬 왕이 예루살렘에서 은금을 돌 같이 흔하게 하고 백향목을 평지의 뽕나무 같이 많게 하였더라"(대하 1:15~17)고 했는데 솔로몬이 평생 받아 누렸던 모든 부는 예수님이 주신 것입니다.

예수님은 거지 왕초가 아닌 우주의 재벌 총수이십니다.

그분은 창조자이시며 부요하신 분입니다.

하나님의 자녀는 현금이 많아야 한다

돈에 대해 성령님의 음성을 듣고 싶나요?

그러려면 당신의 지갑과 계좌에 현금을 많이 보유해야 합니다.

돈이 없는 사람에게 성령님은 돈을 어떻게 쓰라고 말씀하지 않으십니다. 지갑에 천 원짜리 몇 장 밖에 없는 사람에게 성령님께서 예배 시간에 "너는 지금 백만 원을 헌금해라"며 감동하지 않으십니다. 물론 작정 헌금은 할 수 있겠죠. 우리는 언제든지 지갑을 열어 수백만 원 정도는 자유롭게 헌금할 수 있을 정도가 되어야 합니다.

"한 달에 500만 원 정도는 쉽게 들어온다."

"한 달에 천만 원 정도는 쉽게 들어온다."

"한 달에 5천만 원 정도는 쉽게 들어온다."

"한 달에 1억 정도는 쉽게 들어온다."

"한 달에 10억 정도는 쉽게 들어온다."

"한 달에 100억 정도는 쉽게 들어온다."

이렇게 정하면 자동으로 그런 수입이 들어옵니다.

당신에게 다 말할 수는 없지만 이 중 몇 가지는 내가 실제로 경험한 것입니다. 진짜로 생각하고 말한 그대로 다 됩니다. "믿음은 바라는 것들의 실상이요 보이지 않는 것들의 증거니……"(히 11:1)라고 했습니다. 하나님의 말씀은 살았고 활동력이 있습니다.

구체적으로 바라는 것들의 원점을 적고 시간과 공간을 초월해서 성령 안에서 이미 그렇게 되었다고 믿으면 정말 그대로 됩니다.

"그러므로 내가 너희에게 말하노니 무엇이든지 기도하고 구하는 것은 받은 줄로 믿으라. 그리하면 너희에게 그대로 되리라"(막 11:24)고 했습니다. 한 번 기도하고 구했으면 더 이상 구하지 말아야 합니다. 왜일까요? "받은 줄로 믿으라"고 했기 때문입니다.

기도하고 구하는 중에 받은 줄로 믿어야 합니다. 그러면 그대로 됩니다. 받았다면 두 번 다시 구할 필요가 없습니다. 아직 못 받았는데 언젠가는 받을 줄로 믿기 때문에 자꾸 반복해서 구하는 것입니다. 돈에 대해서는 한 번만 구하면 됩니다. 구하지 않아도 알아서 주십니다. 반복해서 구하는 것은 믿음이 아닌 소망입니다.

소망에는 하나님의 기적이 일어나지 않습니다.

믿음은 바라는 것들이 아닙니다. 바라는 것들은 소망입니다.

"믿음은 바라는 것들의 실상"이라고 했습니다.

실상은 '실제 모양이나 상태, 모든 것의 있는 그대로의 참모습'이라는 뜻입니다. 당신은 성령 안에서 이미 다 가졌습니다.

가진 것을 달라고 구하는 사람은 없습니다.

당신은 이 책을 사서 읽고 있습니다. 그렇다면 이 책을 다시 구하거나 사지는 않을 것입니다. 이미 가졌기 때문입니다. 손에 아이폰을 든 사람은 "하나님, 아이폰을 주세요"라고 구하지 않습니다. 이미 가졌기 때문입니다. 예수님은 "너희가 무엇이든지 기도하고 구한 것은 받았다고 믿어라. 그러면 그대로 되리라"고 말씀하셨습니다. 한 번 기도하고 구한 것은 이미 손에 가졌다고 믿으라는 말씀입니다. 그러면 얼마 후에 그대로 됩니다. 한 가지 추가 조건이 있습니다. 받은 줄로 믿고 마음에 조금도 의심하지 말아야 합니다.

"조금도 의심하지 말라."(약 1:6)

어떤 일을 하든지 목적지를 먼저 설정하라

당신은 지금 어떤 일을 하고 있습니까?

그 일을 시작할 때 먼저 최종 목적지를 설정하십시오.

많은 사람들이 최종 목적지가 아닌 단기 목표를 설정합니다. 그들은 "내가 지난 번 시험에 80점 받았는데 열심히 공부해서 90점 받아야지"라고 합니다. "나는 잠을 다섯 시간 자는데 좀 줄여야지, 네 시간 자면 시험에 합격하고 반드시 성공할 거야"라고 합니다.

어떤 이들은 하루에 잠을 서너 시간 자고 죽어라고 노예처럼 땀 흘리며 일합니다. 그리고 '헌신'이라는 말로 자신을 위로합니다.

"나는 가정을 위해 헌신하고 있어. 칼퇴하라고? 그렇게 일찍 집에 들어갈 수 없어. 밖에서 자며 밤새도록 기계를 돌려야 해."

"일하기도 바쁜데 한가하게 앉아 밥 먹을 시간이 어디 있어? 천 원짜리 햄버거로 끼니를 때우며 회사를 위해 헌신해야 해."

나는 그들에게 말합니다.

"집안에 당신의 존재가 없고, 밤낮 돌아다니며 미친 듯이 일해 돈만 많이 벌어다 주는 것은 가정을 위한 올바른 헌신이 아닙니다."

돈보다 더 귀한 '시간'을 내주는 것이 진짜 헌신입니다.

일을 좀 줄이고 집에 가서 아내와 산책하고 아이들과 뒹굴며 노는 것이 진짜 헌신입니다. 집에 한 시간이라도 일찍 들어가십시오.

프로테스탄트(Protestant, 청교도)들이 만든 '헌신'이란 단어는 노예처럼 죽어라고 일하는 것, 근면 성실해야 한다는 것이었습니다.

미국의 정치가이자 과학자인 벤자민 플랭클린(Benjamin C. Franklin, 1706~1790)은 "하늘은 스스로 돕는 자를 돕는다"고 말했는데 이 말은 청교도적인 노동관에서 나온 말이었습니다.

과연 그럴까요? '스스로 돕는 자'가 무엇입니까?

'내가 죽도록 일해야 하늘이 나를 잘되게 해주는 거야'라는 생각입니다. 이 말에서는 "스스로 돕는다"는 말이 강조됩니다. 내가 노예처럼 피와 땀과 눈물을 흘리며 일을 많이 해야 한다는데 초점을 맞춥니다. 하지만 성경은 다르게 말합니다. 무엇일까요?

"하늘은 스스로 돕는 자를 돕는다"가 아닌 "하나님은 믿음을 가진 사람에게 상을 주신다"입니다.(히 11:6) 이해되십니까?

많은 사람들이 잘못된 속담을 받아들여 그것이 진리인 양 의심없이 믿고 있습니다. '호사다마(好事多魔)'도 그런데, 이 말은 "좋은 일에 탈도 많다, 좋은 일이 생기면 나쁜 일이 따라온다, 좋은 일에는 악마가 달라붙는다"는 뜻입니다. 이것은 잘못된 생각입니다.

왜 좋은 일의 끝은 나쁜 일이고 좋은 일에는 항상 마가 낍니까?

이것은 마귀적인 사고방식입니다. 그런 생각과 말을 통해 마귀가 틈을 타고 공격합니다. 성경은 전혀 다르게 말씀합니다.

잠언 4장 18절에 "의인의 길은 돋는 햇살 같아서 크게 빛나 한낮의 광명에 이르거니와"라고 했습니다. 우리는 점점 더 잘됩니다. 오늘 좋은 일이 생겼는데 내일 더 좋은 일이 연달아 생깁니다. 계속 잘됩니다. 이것을 조금도 의심하지 말고 믿어야 합니다.

믿음으로 시작해서 믿음으로 끝나고 좋은 일로 시작해서 좋은 일로 끝나는 것이 정상입니다. 하나님은 복주고 복주며 번성케 하고 번성케 하십니다. "가라사대 내가 반드시 너를 복주고 복주며 너를 번성케 하고 번성케 하리라 하셨더니……."(히 6:14)

알파와 오메가, 시작과 끝, 처음과 나중은 모두 하나님과 예수님과 성령님입니다. 하나님은 좋은 분이십니다. 그분은 자녀들에게 좋은 것만 주십니다. 마태복음 7장 10절에는 "생선을 달라 하는데 뱀을 줄 사람이 있겠느냐?"라고 했습니다. 그분은 생선으로 시작해서 생선으로 끝내고 알로 시작해서 알로 끝냅니다. 생선으로 시작해서 뱀으로 끝내고 알로 시작해서 전갈로 끝내지 않습니다. '호사다마'라는 말은 마귀에게 틈을 주는 것입니다. 절대로 그런 말을 하지 마십시오. 하나님은 시작과 끝이 같은 분입니다.

그분은 의로 시작해서 의로 끝내고, 성령으로 시작해서 성령으로 끝내고, 건강으로 시작해서 건강으로 끝내고, 부로 시작해서 부로 끝내고, 지혜로 시작해서 지혜로 끝내고, 평화로 시작해서 평화로 끝내고, 생명으로 시작해서 생명으로 끝내는 분이십니다. 천국으로 시작해서 천국으로 끝냅니다. 나는 이렇게 말합니다.

"천국같이 살다가 천국으로 갑시다."

마귀는 반대입니다. 죄로 시작해서 죄로 끝내고, 목마름으로 시작해서 목마름으로 끝내고, 병으로 시작해서 병으로 끝내고, 가난으로 시작해서 가난으로 끝내고, 어리석음으로 시작해서 어리석음으로 끝내고, 징계로 시작해서 징계로 끝내고, 죽음으로 시작해서 죽음으로 끝냅니다. 지옥으로 시작해서 지옥으로 끝냅니다.

"예수 그리스도는 어제나 오늘이나 영원토록 동일하시니라."(히 13:8)

나는 잠실에 집을 사고 좋아서 춤을 췄습니다. 그때 마침 놀러 오신 장모님이 백화점 주차장에서 길을 걷다가 걸려 넘어져 팔을 살짝 다쳤습니다. 호사다마일까요? 아닙니다. 나는 그런 생각을 하지 않았습니다. 사람은 그렇게 실수로 넘어질 수 있습니다. 나는 그런 것과 상관없이 앞으로 좋은 일만 많이 생긴다고 믿었습니다.

지금 당신의 지갑에 100만 원이 들어 있으면 앞으로 더 많은 돈이 들어온다고 믿어야 합니다. 하나님은 있는 자에게 더 많이 주신다고 하셨습니다. 앞으로 천만 원, 1억, 10억, 더 많은 돈을 벌게 되고 지갑과 통장이 가득 차게 된다고 믿어야 합니다. 당신은 하루에 10억, 100억을 벌게 됩니다. 그렇게 믿으면 믿음대로 됩니다.

"앞으로 더 잘 될 거야"라고 믿으십시오. "좋은 일이 생겼으니까 나쁜 일이 따라올 거야"라고 믿지 마십시오. 잠깐 나쁜 일이 생기더라도 그것을 통해 더 좋은 일이 생길 것입니다. 나쁜 일은 예수 이름으로 대적하며 꾸짖으십시오. 그것을 받아들이지 마십시오.

하나님은 모든 것을 합력하여 선을 이루시는 분입니다. 당신의 삶과 교회에, 가정과 회사에, 그리고 도시와 국가에, 오늘도 내일도 더 좋은 일이 많이 생길 것입니다. 백배로 크게 생각하십시오.

당신은 날마다 더 잘되고 있습니다.

"내가 집을 샀으니 얼마 후에 교통사고가 날 거야."

그런 것은 마귀의 거짓말이며, 당신은 빌딩을 살 것입니다.

"내가 첫째로 아들을 낳았으니 둘째는 유산할 거야."

그런 마귀의 거짓말에 속지 마십시오. 당신은 건강한 딸을 낳을 것입니다. 둘째, 셋째, 넷째, 모두 건강한 자녀를 낳을 것입니다.

하나님은 모든 것에 모든 것이 넉넉하여 모든 착한 일을 넘치게 하게 하시는 분입니다. 오늘도 내일도 더 좋은 일을 계속 쏟아 부어 주시는 좋은 분입니다. 그런 분이 당신 안에 살고 계십니다.

나는 더 이상 돈을 구하지 않는다

당신은 하나님께 무엇을 가장 많이 구합니까?

나는 예전에 결제해야 할 돈 문제에 많이 부딪혔고 그때마다 하나님께 구체적인 금액을 말씀드리며 구하곤 했습니다.

하루는 내 마음에 이런 생각이 들었습니다.

'내 인생에 돈 문제는 끝도 없구나. 10년 전에도 돈 문제로 고민했고 지금도 돈 문제로 고민하고 있구나. 언제쯤이면 이런 돈 문제에서 완전히 해방될 수 있을까?'

그러던 어느 날 성경 말씀을 깨닫고 내 생각이 바뀌었습니다.

예수님이 제자들에게 말씀하셨습니다.

"그런즉 너희는 먼저 그의 나라와 그의 의를 구하라. 그리하면 이 모든 것을 너희에게 더하시리라."(마 6:33)

이 말씀을 보면 돈은 '구해야 하는 대상'이 아닌 '저절로 더해지는 대상'입니다. 우리가 구해야 하는 대상은 그의 나라와 그의 의입니다. 도대체 그의 나라와 그의 의는 무엇일까요?

첫째, 하나님의 나라는 성령을 의미합니다.

"내가 하나님의 성령을 힘입어 귀신을 쫓아내는 것이면 하나님의 나라가 이미 너희에게 임하였느니라."(마 12:28)

둘째, 하나님의 나라는 성령 안에서의 행복을 의미합니다.

"하나님의 나라는 먹는 것과 마시는 것이 아니요 오직 성령 안에 있는 의와 평강과 희락이라."(롬 14:17)

셋째, 하나님의 나라는 보이지 않지만 내 안에 실제로 있습니다.

"하나님의 나라는 볼 수 있게 임하는 것이 아니요 또 여기 있다 저기 있다고도 못하리니 하나님의 나라는 너희 안에 있느니라."(눅

17:20~21)

넷째, 하나님의 나라는 땅에 뿌려진 씨앗처럼 자랍니다.

"하나님의 나라는 사람이 씨를 땅에 뿌림과 같으니 그가 밤낮 자고 깨고 하는 중에 씨가 나서 자라되 어떻게 그리 되는지를 알지 못하느니라. 땅이 스스로 열매를 맺되 처음에는 싹이요 다음에는 이삭이요 그 다음에는 이삭에 충실한 곡식이라. 열매가 익으면 곧 낫을 대나니 이는 추수 때가 이르렀음이라."(막 4:26~29)

다섯째, 하나님의 의는 율법으로 말미암은 의가 아닌 오직 예수 그리스도를 믿음으로 말미암는 의를 가리킵니다. "이제는 율법 외에 하나님의 한 의가 나타났으니 율법과 선지자들에게 증거를 받은 것이라. 곧 예수 그리스도를 믿음으로 말미암아 모든 믿는 자에게 미치는 하나님의 의니 차별이 없느니라."(롬 3:21~22)

이러한 다섯 가지를 종합해 보면 하나님의 나라와 의는 바로 내 안에 살아 계신 예수 그리스도를 말합니다. 이것이 그리스도 복음입니다. 예수 그리스도를 믿지 않는 사람은 "너희는 먼저 그의 나라와 그의 의를 구하라"는 말씀처럼 먼저 그의 나라와 그의 의가 되신 예수 그리스도를 구주로 믿어야 합니다. 이것보다 시급하고 중대한 일은 없습니다. 예수 그리스도를 믿는 사람은 어떻게 해야 할까요?

이미 그의 나라와 그의 의를 구했고 받았기 때문에 더 이상 구할 필요가 없습니다. 그 사람은 자기 안에 실제로 살아 계신 예수 그리스도가 어떤 분인지 깨달아 알고 그분을 믿고 사랑하면 됩니다.

이것이 곧 그리스도 안에서 성장하는 것입니다.

베드로는 하나님과 우리 주 예수를 앎으로 은혜와 평강을 더 많이 누릴 수 있다고 했습니다.

"예수 그리스도의 종이며 사도인 시몬 베드로는 우리 하나님과 구주 예수 그리스도의 의를 힘입어 동일하게 보배로운 믿음을 우리와 함께 받은 자들에게 편지하노니 하나님과 우리 주 예수를 '앎으로' 은혜와 평강이 너희에게 더욱 많을지어다. 그의 신기한 능력으로 생명과 경건에 속한 모든 것을 우리에게 주셨으니 이는 자기의 영광과 덕으로써 우리를 부르신 이를 '앎으로' 말미암음이라."(벤후 1:1~3)

그의 나라와 그의 의는 '그리스도'를 말합니다.

그리스도가 내 안에 살아 계신다는 사실을 아는 것이 가장 큰 비밀이요 지식이요 능력입니다. 바울은 말했습니다.

"하나님이 그들로 하여금 이 비밀의 영광이 이방인 가운데 얼마나 풍성한지를 알게 하려 하심이라. 이 비밀은 너희 안에 계신 그리스도시니 곧 영광의 소망이니라."(골 1:27)

내 안에 그리스도가 살아 계신다는 사실을 아는 사람은 더 이상 그의 나라와 그의 의를 구할 필요가 없습니다. 어떤 사람도 이미 가진 것을 구하지는 않습니다. 내 안에 그리스도가 살아 계신다는 사실을 아는 사람은 더 이상 돈을 구할 필요도 없습니다. 돈은 그리스도를 구해서 받은 사람에게 '더하시는 은혜'이기 때문입니다.

하루에 10억도 쉽게 더하신다고 믿어라

당신에게는 얼마의 돈이 필요합니까?

10억입니까? 100억입니까? 천억입니까?

그것이 얼마든지 간에 하나님께는 작은 돈이며, 그분은 당신에게 그런 돈을 은혜로 주신다고 약속하셨습니다. "이 모든 것을 너희에게 더하시리라"고 하신 말씀을 조금도 의심하지 말고 믿으십시오.

그리고 더 이상 돈을 달라고 하나님께 구하지 마십시오. 하나님이 더하신다고 했으면 어떻게든 더하실 것입니다. 더하신다는 말씀을 믿고 감사하십시오. 하나님은 당신이 생각만 해도 넘치게 주십니다. 하루는 내가 아이들에게 말했습니다.

"아빠가 핸드폰 요금을 내줄게."

그 후로 아이들은 내가 말한 것을 믿고 핸드폰 요금에 대해서는 조금도 염려하지 않았습니다. 어떻게든 내가 다 낸다는 것을 알기 때문입니다. 하나님도 재정 문제에 있어 동일하게 해결하십니다.

"이 모든 것을 너희에게 더하겠다."(마 6:33)

이 말씀은 한두 번만 아닌 계속 더하신다는 뜻입니다. 내 안에 그리스도가 살아 계시는 한 죽을 때까지 내게 필요한 모든 돈을 더하신다고 약속하셨습니다. 그러므로 나는 평생 돈 걱정 없이 살기로 선택했습니다. 나는 두 가지 약속을 받았고 둘 다 성취했습니다.

첫째, "너희는 먼저 그의 나라와 그의 의를 구하라."

둘째, "그리하면 이 모든 것을 너희에게 더하시리라."

첫째는 내 안에 그의 나라와 그의 의가 되시는 예수 그리스도가 살아 계신다는 것이고, 둘째는 그리하면 이 모든 것을 너희에게 더하시리라는 것입니다. 이 두 가지가 전부입니다.

더 이상 무엇이 필요합니까? 이로써 내 인생의 내면의 문제와 외부의 문제가 모두 해결된 것입니다. 내면의 문제는 영혼의 목마름이고 외부의 문제는 돈에 대한 목마름입니다.

한 노인 사업가가 텔레비전에서 이런 말을 했습니다.

"내가 강남에 큰 빌딩을 몇 채 가지고 거기에서 나오는 월세를 받으니까 돈에 대한 목마름이 사라졌어요."

나는 그분처럼 강남에 큰 빌딩을 몇 채 갖고 있지는 않지만 내 안에 살아 계신 그리스도로 인해 모든 것을 더하신다고 약속하신 하나님의 말씀을 믿음으로 말미암아 돈에 대한 목마름이 사라졌습니다. 전능하신 창조주 하나님이 나의 실제적인 공급자이십니다.

당신도 하나님의 초자연적인 공급하심을 믿으십시오.

채우신다고 약속했으면 어떻게든 다 채우신다

당신은 재정 문제가 생기면 어떻게 합니까?

밤낮 울면서 하나님께 돈 달라고 부르짖지 않습니까?

"하나님, 등록금 주세요. 월세 주세요. 차비 주세요."

성전 건축에 대한 꿈을 가진 사람은 이런 기도를 할 것입니다.

"하나님, 땅 값 3천억 주세요. 건축비도 1500억 필요해요."

하지만 나는 내 안에 예수님이 살아 계시기 때문에 더 이상 하나님께 돈을 구하지 않습니다. 그러면 어떻게 할까요? 열두 제자가 예수님께 "주님, 이 문제를 어떻게 할까요?"라고 물었던 것처럼 나도 단지 내 안에 계신 성령님께 물으며 도움을 구할 뿐입니다.

"성령님, 어떻게 할까요?"

그러면 성령님께서 세미한 음성으로 내 마음에 말씀하십니다.

'아들아, 그 문제는 쉽다. 이렇게 하면 된다.'

그 음성을 따라 순종하면 돈 문제는 쉽게 해결됩니다.

하나님은 당신이 말하는 중에 응답하십니다. 당신의 기도가 당신의 입에 있고 아직 말이 끝나지도 않았는데 하나님이 응답하신다는 것입니다. 놀랍지 않습니까? 그래서 예수님은 "너희가 무엇이든지 기도하고 구하는 것은, 기도하고 구하는 중에 이미 받은 줄로 믿으라"(막 11:24)고 하셨습니다. 느부갓네살 왕은 말했습니다.

"이 말이 아직도 나 왕의 입에 있을 때에 하늘에서 소리가 내려 이르되 느부갓네살 왕아 네게 말하노니 나라의 왕위가 네게서 떠났느니라."(단 4:31)

하나님은 살아 계시고 지금 당신이 하는 말을 다 듣고 계십니다.

그러므로 교만과 원망, 불평과 불만, 의심과 부정적인 말을 하지 말고 오직 겸손의 말, 은혜의 말, 믿음의 말만 해야 합니다.

"지금 당장 돈 문제 때문에 정신이 혼미한데 그게 가능해요?"

인생은 눈에 보이는 현상을 따라 사는 것이 아닙니다. 만약 눈에 보이는 현상을 따라서만 산다면 숨이 막혀 죽을 것입니다. 인생은 믿음으로 살아야 합니다. 그래서 나는 성령님께 도움을 구합니다.

"성령님, 믿음의 은사를 일으켜 주세요."

그리고 나는 지금까지 이 말씀을 믿고 살아왔습니다.

"나의 하나님이 그리스도 예수 안에서 영광 가운데 그 풍성한 대로 너희 모든 쓸 것을 채우시리라."(빌 4:19)

여기서 채우시리라고 약속했으면 끝입니다. 매번 채우겠다고 큰 소리로 말씀해 주셔야 하는 것이 아닙니다. 하나님의 말씀은 살았고 활동력이 있습니다. 하나님의 말씀은 어제나 오늘이나 영원토록 동일합니다. 그분이 한 번 말씀하셨으면 계속 채우십니다.

이것을 조금도 의심하지 말고 믿기 바랍니다.

매번 돈이 필요할 때마다 간절히 구하면 채우겠다고 하지 않았습니다. 한두 가지만 채운다고 하지 않았습니다. "너희 모든 쓸 것을 채우시리라"고 했습니다. 하나님은 쩨쩨하신 분이 아닙니다. 그분은 그분의 풍성한 대로 모든 쓸 것을 채우신다고 약속하셨습니다.

당신과 내가 해야 할 일은 한 가지뿐입니다. 그분이 인색하지 않고 모든 것을 종류별로 풍성히 채우신다는 것을 믿는 것입니다. 조금이 아닙니다. 모자랄 정도가 아닙니다. 풍성히 채우십니다.

"카드 값을 결제해야 하는데 100만 원이 모자라."

아닙니다. 만약 그랬다면 당신의 생각을 바꿔야 합니다. 하나님은 그런 분이 아닙니다. 당신의 카드 값을 다 결제하고도 천만 원이 남을 정도로 많이 채우십니다. 하나님은 믿음대로 채우십니다.

"아파트를 사고 잔금을 치렀는데 인테리어 비용이 없어. 부동산 소개비와 세금도 없어. 이 돈을 어떻게 마련하지?"

내가 그렇게 믿었을 땐 그 정도만 채워졌습니다.

나와 아내는 생각을 바꿨습니다.

"하나님은 부요하신 분이야. 다 쓰고도 몇 억이 남을 정도로 풍성히 채우신다고 믿어야 해."

우리의 생각과 믿음, 말을 바꾸자 그런 기적이 일어났습니다.

자금이 모자라면 그것 때문에 쩔쩔 매게 되고 그것의 종이 됩니다. 다 쓰고도 많이 남아야 마음이 행복하고 그것의 주인이 됩니다.

부족함이 아닌 풍성함을 믿으십시오. 인생은 믿음대로 됩니다.

"너희 믿음대로 되라."(마 9:29)

재물은 집안에 있는 머슴과 같다

당신은 하나님과 재물을 겸하여 섬기지 않습니까?

나는 오직 하나님만 주인으로 섬기며 재물은 다스립니다.

재물을 다스리려면 일단 재물이 많이 있어야 합니다. 집안에 머슴이 있어야 그 머슴을 다스릴 수 있는 것과 같은 이치입니다. 우리는 없는 것을 다스릴 수 없습니다. 예수님이 말씀하셨습니다.

"한 사람이 두 주인을 섬기지 못할 것이니, 혹 이를 미워하고 저를 사랑하거나 혹 이를 중히 여기고 저를 경히 여김이라. 너희가 하나님과 재물을 겸하여 섬기지 못하느니라. 그러므로 내가 너희에게 이르노니 목숨을 위하여 무엇을 먹을까 무엇을 마실까 몸을 위하여 무엇을 입을까 염려하지 말라. 목숨이 음식보다 중하지 아니하며 몸이 의

복보다 중하지 아니하냐? 공중의 새를 보라, 심지도 않고 거두지도 않고 창고에 모아들이지도 아니하되 너희 하늘 아버지께서 기르시나니 너희는 이것들보다 귀하지 아니하냐? 너희 중에 누가 염려함으로 그 키를 한 자라도 더할 수 있겠느냐? 또 너희가 어찌 의복을 위하여 염려하느냐? 들의 백합화가 어떻게 자라는가 생각하여 보라. 수고도 아니하고 길쌈도 아니하느니라. 그러나 내가 너희에게 말하노니 솔로몬의 모든 영광으로도 입은 것이 이 꽃 하나만 같지 못하였느니라. 오늘 있다가 내일 아궁이에 던져지는 들풀도 하나님이 이렇게 입히시거든 하물며 너희일까보냐? 믿음이 작은 자들아, 그러므로 염려하여 이르기를 무엇을 먹을까 무엇을 마실까 무엇을 입을까 하지 말라. 이는 다 이방인들이 구하는 것이라. 너희 하늘 아버지께서 이 모든 것이 너희에게 있어야 할 줄을 아시느니라. 그런즉 너희는 먼저 그의 나라와 그의 의를 구하라. 그리하면 이 모든 것을 너희에게 더하시리라. 그러므로 내일 일을 위하여 염려하지 말라. 내일 일은 내일이 염려할 것이요 한 날의 괴로움은 그 날로 족하니라."(마 6:24~34)

내일 일을 위하여 염려하지 마십시오.

"나는 결제해야 할 것이 너무 많아요. 어떻게 하면 좋아요?"

하나님이 어떻게든 다 채우신다고 믿고 춤부터 추십시오. 돈이 들어오면 춤추는 것이 아닙니다. 춤부터 추면 돈이 들어옵니다.

하나님이 초자연적인 공급하심을 통해 당신의 모든 것을 넘치게 채우실 것입니다. 그러므로 두 다리 쭉 뻗고 잠자기 바랍니다.

나는 결제 때문에 한계에 부딪혔다는 사람에게 말합니다.

"걱정 마라. 하나님은 열 개의 바구니를 다 넘치게 채우시는 분이다. 하나님은 창조자이시며 부요하신 분이다. 모든 일에 모든 것이 넉넉하도록 다 채우신다. 하나님의 공급하심만 믿어라."

많은 사람들이 자꾸 부족한 것만 생각합니다.

하나님은 모든 것에 모든 것이 넉넉하여 모든 착한 일을 넘치게 하게 하시는 분입니다. 하나님은 우리에게 한 가지만 아닌 열 가지, 백 가지의 꿈과 소원을 다 이루어 주시는 크신 분입니다.

나는 '꿈과 소원 목록'이라는 인생의 바구니를 만들었습니다.

그것을 공책에 적고 마인드맵도 그렸는데 그렇게 한 것이 대부분 이루어졌습니다. 당신도 종류별로 꿈과 소원 목록을 적어 보십시오.

하나님이 그 모든 바구니를 가득 채우실 것입니다.

성령님의 음성을 들었으면 알아서 움직여라

당신은 지금 어떤 집에서 살고 있습니까?

나는 처음 서울 잠실로 왔을 때 보증금 300만 원에 월세 30만 원을 내면서 지하에서 살았습니다. 그런 가운데 마음속에 집에 대한 소원 바구니를 하나 만들었고 한 번 믿음으로 기도했습니다.

"하나님, 여섯 식구가 살 수 있는 멋진 집을 주세요."

결국 하나님께서 62평짜리 집을 사게 하셨습니다.

"김열방 목사님은 돈이 참 많으시군요."

아닙니다. 그 모든 일은 동전 하나로 시작되었습니다.

처음에 '집을 사라'는 성령님의 음성을 듣고 동네 부동산을 돌아다니며 알아볼 때 내 주머니에는 50원짜리 동전 하나밖에 없었습니다. 그렇게 믿음으로 첫 발걸음을 떼는 순간 하나님의 초자연적인 기적이 계속 일어났습니다. 좋은 일이 하나 둘 셋 계속 생겼습니다.

작은 응답이 더 큰 응답을 가져왔고 작은 성공이 더 큰 성공을 가져왔습니다. 결국 정말 내가 원했던 잠실의 넓은 집을 샀습니다.

나는 지금 또 다른 꿈을 갖고 있습니다. 그것에 대해 나는 한 번 기도하고 구한 후에 받았다고 믿고 조금도 의심하지 않습니다.

하나님은 내 말과 기도를 들으시는 나의 아버지이십니다.

과연 그것이 가능할까요? 하나님은 내가 생각하는 것보다 더 쉽게 이루어 주십니다. 말만 해도 생각만 해도 다 이루어 주십니다.

주님께서 당신에게도 말씀하십니다.

"아들아, 오직 믿음으로 구하고 조금도 의심하지 말라."

"오직 믿음으로 구하고 조금도 의심하지 말라. 의심하는 자는 마치 바람에 밀려 요동하는 바다 물결 같으니 이런 사람은 무엇이든지 주께 얻기를 생각하지 말라. 두 마음을 품어 모든 일에 정함이 없는 자로다."(약 1:6~8)

당신도 벤츠를 사게 될 것이다

당신은 지금 어떤 자동차를 타고 있습니까?

처음 내가 자동차를 탄 것은 26세 때였습니다. 형이 타던 차 티코를 물려받는데 에어컨도 안 나오고 힘없이 털털거렸습니다. 그

차를 타고 뜨거운 여름에 고속도로를 달리며 여행을 했습니다.

그때 나는 차에 대한 소원 바구니를 하나 만들었습니다.

"나는 열 가지 이상 좋은 차를 타고 싶어. 쏘나타, 그랜저, 벤츠."

진짜로 하나님은 내 기도에 응답하셨습니다. 돈이 없어 최하의 것을 생각한 적도 있었지만 하나님은 언제나 내게 최고의 것을 주셨습니다. 나는 그동안 열 종류 이상의 차를 탔습니다.

중고도 사고 새 차도 샀습니다. 강연하러 갈 때는 차가 없어 렌트카를 타기도 했습니다. 쏘나타는 중고를 샀고 그랜저는 3,300만 원을 주고 새 차를 사서 3년 동안 27,000킬로를 탄 후에 1,650만 원에 중고차 시장에 팔았습니다. 지금은 벤츠 새 차를 몰고 다닙니다.

인생은 단순하게, 하고 싶은 것을 하며 살아야 합니다.

하루는 주님께서 내 마음에 말씀하셨습니다.

'아들아, 하고 싶은 거 하며 살아라.'

나는 내가 원하는 것을 하며 삽니다. 내 마음에 바구니를 만들면 그 바구니를 아버지 하나님이 채우십니다. 성경에 바구니에 대한 이야기가 나옵니다. 당신은 어떤 바구니를 갖고 있습니까?

'벤츠'라는 바구니도 하나 만들면 어떨까요?

빌립의 원점이 아닌 예수님의 원점을 가지라

하루는 예수님께서 빈들에서 천국 복음을 전하셨습니다.

그때 사람들은 하루 종일 앉아 그분의 입에서 나오는 말씀을 들었습니다. 나는 주일예배 시간에 보통 120분 정도 설교합니다. 그런데 예수님은 끝도 없이 말씀을 전했습니다. 한 번 시작하면 세 시간, 다섯 시간, 해가 질 때까지 계속 전하셨습니다.

오늘날 교회들이 그러면 어떻게 될까요?

나는 주일에 설교를 좀 하려고 하다 보면 금방 120분이 지나가고 끝날 시간이 되어 아쉬움을 느낍니다. 성경에 대한 깨달음과 성령님의 기름 부으심이 강물처럼 흘러넘치기 때문입니다.

'뭐야? 이제 시작해서 조금밖에 안 전했는데 끝날 시간이잖아.'

예수님은 12시나 1시가 아닌 3시, 4시까지 계속 말씀을 전했습니다. 그러자 사람들이 배가 고프다고 했습니다. 배를 움켜쥐고 어깨를 늘어뜨리고 바닥을 뒹굴었습니다. 아이들도 엄마에게 떼를 썼고 노인들은 힘들다고 인상을 찡그렸습니다. 하지만 그들은 예수님의 말씀이 너무 좋았기 때문에 "언제 끝나는 거야? 빨리 끝났으면 좋겠어"라고 하지 않았습니다. "한 마디라도 더 해 주셨으면 좋겠어"라며 열심히 듣고 있었습니다. 정신없이 설교하다가 예수님이 전체 분위기를 보고는 갑자기 제자들에게 말씀하셨습니다.

"사람들이 너무 지쳐 보인다. 말씀을 듣고 그들의 영은 기뻐 뛰놀지만 오랜 시간이 지나니 그들의 배에서 꼬르륵 하는 소리가 내 귀에 천둥소리처럼 크게 울리는구나. 그들의 굶주린 배를 보니 내 마음이 너무 아프다. 너희가 먹을 것을 주어라."

제자들이 놀랐습니다. 그때 빌립이 대표로 나서서 말했습니다.

"예수님, 말도 안 됩니다. 이곳은 빈들입니다."

빌립의 원점은 '눈에 보이는 빈들'이었습니다.

그는 또 말했습니다.

"예수님, 돈이 없습니다."

빌립의 원점은 돈이 없다는 '빈 지갑, 빈 통장'이었습니다.

"떡을 만들 수 있는 공장이 없습니다."

시설과 장비, 건물이 없다는 것입니다. '빈 환경'입니다.

"시간이 너무 늦었기 때문에 다 돌려보내는 것이 낫겠습니다."

이 모든 것이 빌립이 갖고 있는 원점이었습니다. 당신도 혹시 빌립의 원점을 갖고 있지 않습니까? 항상 "없다"고만 말하고 생각하는 사람 곧 빌립은 계산을 잘하는 사람이었습니다. 그는 수재 마인드를 갖고 있었습니다. 서울대 수학과를 수석으로 졸업한 사람은 수학적인 계산을 잘하겠지만 큰일은 못합니다. 그 사람이 학교에서 배운 대로만 계산하면 100년 동안 일해도 100억이란 돈을 모을 수 없습니다. 하지만 하나님은 하루 만에 100억을 주십니다.

안드레가 잠시 후에 예수님께 와서 말했습니다.

"예수님, 환경을 보면 도저히 불가능하지만 예수님이 말씀하셨기 때문에 기적을 믿습니다. 오늘 기적이 일어날 것입니다. 제가 발걸음을 떼어 뭔가를 찾았는데, 어린 아이의 도시락입니다. 보리떡 다섯 개와 물고기 두 마리, 이것을 가지고 예수님께 나아왔습니다. 예수님이 어떻게 좀 해주십시오. 부탁합니다."

안드레는 행동했지만 그 마음에 확신은 없었습니다. "이 작은 것으로 뭘 할 수 있겠습니까?"라는 식으로 소심하게 말했던 것입니다.

그때 예수님은 기적의 공기를 만들기 시작했습니다.

기적의 공기, 기적을 일으키는 공기······.

믿음은 기적을 일으키는 공기를 만든다

예수님은 기적을 일으키는 공기를 만들었습니다.

어떻게요? 보리떡 다섯 개와 물고기 두 마리를 들고 이미 넘치게 받았다는 믿음으로 감사의 기도 곧 축사를 하셨던 것입니다.

"아버지여, 내 말과 기도를 들으신 것을 감사하나이다. 내가 이 많은 사람들을 먹이겠다고 마음에 생각만 해도 아버지는 다 아시고 내 기도에 풍성히 응답하시는 분입니다."

우리의 생각과 말을 하나님이 다 듣고 계십니다.

"이 사람들을 먹이겠다. 제자들아, 너희가 먹을 것을 주어라."

그렇게 말한 순간, 하나님이 그 말을 들으셨다는 것을 예수님은 알고 계셨습니다. 그분은 축사하셨습니다. 축사는 축복하고 감사하는 기도입니다. 예수님은 받았다는 믿음으로 감사 기도를 드리셨습니다. 받을 줄 믿는 소망의 기도로 울부짖고 애원한 것이 아닙니다.

이미 받았다고 생각하며 믿음의 기도를 하셨습니다.

믿음의 기도는 곧 이미 주셨다는 감사의 기도입니다.

"아무것도 염려하지 말고 다만 모든 일에 기도와 간구로, 너희 구할 것을 감사함으로 하나님께 아뢰라. 그리하면 모든 지각에 뛰어난 하나님의 평강이 그리스도 예수 안에서 너희 마음과 생각을 지키시리라."(빌 4:6~7)

"받았음을 믿고 감사드립니다"라고 기도했을 때 기적이 일어났습니다. 예수님은 제자들에게 "이것 가지고 뭘 하겠어? 우리가 모여

지금부터 금식하며 철야 기도를 해야 돼. 일곱 시간 동안 울부짖어야 돼. 그러면 기적이 일어날 거야"라고 하지 않았습니다. "다 모여라. 우리 모두 통성으로 한 시간 동안 부르짖자"고 하지 않았습니다. 예수님은 반대로, 끝에서부터 행하셨습니다.

"이미 받았다. 감사의 기도를 하자."

그러자 순식간에 없다는 공기, 안 된다는 공기가 깨졌습니다.

그리고 기적을 일으키는 신비한 공기가 가득 차게 되었습니다.

성령님이 운행하셨던 것입니다. 당신이 받았다는 믿음으로 감사할 때 성령님이 운행하며 기적을 행하십니다. 원망과 불평을 버리고 감사하십시오. 받았다는 믿음으로 하나님께 감사하면 기적이 일어납니다. 열 문둥병자가 예수님을 만나 깨끗이 고침 받았을 때 한 명이 돌아와 감사했습니다. 그것을 놓고 예수님은 그 사람이 하나님께 영광을 돌렸다고 했습니다. 하나님께 감사하는 것이 곧 그분께 영광을 돌리는 것입니다. 하나님은 감사를 기뻐하십니다.

한 번 기도하고 구한 것은 이미 받았다는 믿음으로 감사하십시오. 그러면 감사하는 가운데 하나님이 그분의 풍성한 대로 당신의 모든 쓸 것을 채우실 것입니다. 감사는 억만 번 해도 괜찮습니다.

원망이나 불평은 한 번도 하지 마십시오. 오직 감사만 하십시오.

"하나님, 제가 기도한 것을 다 들어주셔서 감사합니다. 저는 시간과 공간을 초월해서 모든 것을 넘치게 받았습니다."

하루에 5만 번의 기도 응답이 쏟아진다

예수님은 믿음으로 제자들에게 지시하셨습니다.

"너희가 이 떡을 사람들에게 나누어 주어라."

제자들이 감사하는 마음으로 그것을 받아 사람들에게 나눠 주니 '펑' 하고 생겼습니다. 또 나눠 주니 또 '펑' 하고 생겨났습니다.

'펑펑펑!' 한 번만 기적이 일어나도 대단한데 그런 기적이 하루에 5천 번 넘게 일어났던 것입니다. 그때 남자만 5천 명이었고 어린 아이와 노인과 여자를 합치면 수만 명이 되었습니다.

와, 하루에 수만 번의 기도 응답이 쏟아진 것입니다.

물고기를 주니 '펑' 생기고 주니까 또 '펑' 생기고 끝도 없는 기적이 일어났습니다. 다 배불리 먹고도 열두 바구니가 남았습니다.

정말 하나님은 풍성한 분이십니다.

나도 이런 기적을 여러 번 경험했습니다.

죠지 뮐러는 일평생 5만 번 응답을 받았다고 하는데 그리 대단한 일이 아닙니다. 당신은 하루에 5만 번 응답 받을 수도 있습니다. 누군가 평생 5만 번의 기적을 경험했다고 말합니까? 당신이 성경대로 믿으면 하루에도 5만 번 기적을 경험할 수 있습니다. 정말 놀랍습니다. 기적의 공기 때문에 생긴 결과였고 성령님의 역사였습니다.

"예수께서 들으시고 배를 타고 떠나사 따로 빈 들에 가시니 무리가 듣고 여러 고을로부터 걸어서 따라간지라. 예수께서 나오사 큰 무리를 보시고 불쌍히 여기사 그 중에 있는 병자를 고쳐주시니라. 저녁이 되매 제자들이 나아와 이르되 이 곳은 빈 들이요 때도 이미 저물었으니 무리를 보내어 마을에 들어가 먹을 것을 사 먹게 하소서. 예수께서 이르시되 갈 것 없다 너희가 먹을 것을 주라. 제자들이 이르되 여기 우리에게 있는 것은 떡 다섯 개와 물고기 두 마리뿐이니이다. 이르시되 그것을 내게 가져오라 하시고 무리를 명하여 잔디 위에 앉히시고 떡 다섯 개와 물고기 두 마리를 가지사 하늘을 우러러 축사하시고 떡을 떼어 제자들에게 주시매 제자들이 무리에게 주니 다 배불리 먹고 남은 조각을 열두 바구니에 차게 거두었으며 먹은 사람은 여자와 어린이 외에 오천 명이나 되었더라."(마 14:13~21)

기적의 공기를 만드는 방법은 무엇일까요?

예수님처럼 한 번 기도하고 구한 것은 받았다고 믿고 "아버지, 감사합니다"라고 말하면 됩니다. 그러면 영광 가운데 하나님이 기적적으로 채우십니다. 지금 당장 이렇게 기도하십시오.

"하나님 아버지, 제가 기도한 것을 받았음을 감사드립니다. 제 꿈과 소원은 시간과 공간을 초월해서 모두 이루어졌습니다."

나를 따라 말해 보십시오.

"하나님 아버지, 감사합니다. 다 이루어졌음을 믿고 감사드립니다. 감사합니다. 감사합니다. 억만 번이나 감사합니다."

우리는 하나님 아버지와 동업하고 있다

당신은 지금 누구와 동업하고 있습니까?

나는 천지를 창조하신 하나님 아버지와 동업하고 있습니다.

지금 자신이 누구와 동업하고 있는지 모르는 사람들이 많습니다.

예수님은 부정적인 태도를 보인 빌립, 소극적인 태도를 보인 안드레가 아닌 하나님 아버지와 동업하고 있다는 사실을 알았습니다.

우리 주변에는 끊임없이 안 된다고 말하는 사람들이 있습니다.

그리고 "이 작은 걸 가지고 뭘 하겠어?"라며 하찮다고 말하는 소심한 사람들이 있습니다. 그런 사람과의 말을 무시하고 믿음의 사람들과 동업하고 전지전능하신 하나님 아버지와 동업해야 합니다.

"아버지, 감사합니다"라고 할 때 그 순간부터 성령님의 운행하심이 있게 됩니다. 무에서 유를 창조하신 하나님께서 창조적인 기적을 베풀어 주십니다. 절대로 부정적인 말, 불신앙의 말을 하지 말고 감사의 기도를 하기 바랍니다. 예수님이 말씀하셨습니다. "그러므로 내가 너희에게 말하노니 무엇이든지 기도하고 구하는 것은 받은 줄로 믿으라. 그리하면 너희에게 그대로 되리라."(막 11:24)

예수님이 정한 원점은 무엇일까요?

어린 아이가 가져온 도시락을 '헌신'이라고 말하면서 자신이 먹고 배를 채우는 것일까요? 콩 하나도 나눠 먹는다는 심정으로 오병이어를 제자들과 조금씩 나눠 먹는 것일까요? 모든 사람이 다 배불리 먹고 바구니 열두 개가 가득 차는 것일까요? 세 번째입니다.

예수님은 그 정도로 부요한 분이셨습니다.

예수님의 원점은 온전히 건강한 몸이다

오병이어의 기적을 일으키기 전에 무슨 일이 있었습니까?

예수님이 말씀을 전하실 때 수많은 병자들이 왔는데 그들을 다

고치셨습니다. 예수님이 보실 때 사람들의 몸의 원점은 병이 아닌 건강이었기 때문입니다. 절뚝발이가 왔습니다. 예수님이 뭐라고 하셨을까요? "어쩔 수 없다, 그렇게 장애를 가진 것은 하나님의 뜻이다"라고 하셨을까요? 아닙니다. 그분은 그 사람을 고치셨습니다.

"날 때부터 절뚝발이였다고? 그건 너의 원점이 아니야. 날 때부터 소경이었다고? 그게 너의 원점이 아니야. 날 때부터 간질, 중풍이었다고? 그게 너의 원점이 아니야. 날 때부터 뇌성마비였다고? 그게 너의 원점이 아니야. 날 때부터 앉은뱅이였다고? 그게 너의 원점이 아니야. 날 때부터 아토피 피부병이 있었다고? 그게 너의 원점이 아니야. 날 때부터 귀머거리, 벙어리였다고? 그게 너의 원점이 아니야. 날 때부터 머리가 나쁜 바보였고 돈 한 푼 없는 거지였다고? 그게 너의 원점이 아니야. 너의 원점은 의롭고 성령 충만하고 건강하고 부요하고 지혜로운 거야. 건강과 행복에 대한 꿈을 가져."

예수님은 원점이 무엇인지를 보여주셨습니다. 그들을 안수하여 다 낫게 하시므로 "네가 이렇게 완전히 나은 상태가 원점이다"라고 하셨습니다. 당신도 "건강한 것이 나의 원점이다"라고 믿어야 합니다. 그래야 그 믿음대로 병이 떠나가고 온전한 건강을 얻게 됩니다.

운동은 하나님의 과제가 아닌 당신의 과제다

날 때부터 비만인 사람이 있을까요? 없습니다.
몸이 비대한 것은 원점이 아닙니다. 뚱뚱한 것을 정상으로 여기지 말고 날씬하고 멋진 몸매를 원점으로 여겨야 합니다. 그러면 그대로 됩니다. 날 때부터 복근을 가진 사람은 없습니다. 아기가 태어날 때부터 팔에 알통이 불룩하게 생기고 아놀드 슈워제네거처럼 가슴이 튀어나온 사람이 있습니까? 한 명도 없습니다. 그런 몸은 운동을 통해 만든 것입니다. 하루에 10분 정도만 운동해도 복근이 생기고 팔에 근육이 생깁니다. 당신도 운동을 시작해야 합니다.

운동은 하나님의 과제가 아닌 당신의 과제입니다.

당신의 과제는 당신이 해야 합니다. 아무리 전능하신 하나님, 치료의 하나님이라도 당신 대신 운동을 해주시지는 않습니다.

나는 매일 "성령님, 함께 달리시지요"라고 말씀드리며 성령님과 함께 석촌호수와 올림픽공원을 달립니다. 거리는 5~15킬로 정도입니다. 그래서 나는 30세의 몸매로 날씬하고 건강하고 튼튼합니다.

어제는 80세 할아버지가 달리는 것을 보았습니다.

당신도 오늘부터 조금씩 운동하십시오.

돈이 없다는 생각을 조금도 하지 마라

당신은 습관을 좇아 돈이 부족하지 않습니까?

부족 마인드를 버리십시오. 조금도 그런 생각을 하지 마십시오.

"나는 부족해"라고 말하지 말고 "나는 부요해"라고 말하십시오.

모든 면에 예수님처럼 높은 원점을 설정하십시오. 예수님은 "이 보리떡 다섯 개와 물고기 두 마리를 바구니 다섯 개에 나눠 담을까?

어떻게 토막 내 담지?" 또는 "한 바구니에 다 담을까?"라고 고민하지 않았습니다. 그런 고민은 없는 사람들이나 하는 것입니다.

파이가 하나 밖에 없고 먹을 사람이 많으면 고민됩니다. 하지만 파이가 많으면 고민할 일이 없습니다. 예수님은 하나의 파이를 쪼개 열 명과 나누어 먹는 것이 아닌 열한 개의 파이로 열 명을 먹이는 상상을 하셨습니다. 다 배불리 먹고 남을 정도의 양입니다.

예수님은 5천 명을 다 배불리 먹이고도 열두 바구니를 가득 채우겠다는 부요한 생각을 하셨습니다. 당신도 생각을 바꾸십시오. 우리가 믿는 하나님은 우주의 재벌 총수이십니다. 그분은 모든 것을 넘치게 채우고도 남게 하십니다. 하루에 5만 번의 기적을 베푸십니다. 그러므로 받았다고 믿고 감사하며 기적의 공기를 만드십시오.

하나님이 당신에게 주신 '믿음의 은사'를 회복하십시오.

예수님의 음성 한 마디면 기적이 일어난다

한 백부장이 하인이 병들어 죽게 되자 예수님을 찾아왔습니다.

그는 자신이 원하는 것을 예수님께 간절히 부탁했습니다.

"예수님, 제 하인을 좀 살려 주십시오. 제 하인이 중풍병으로 집에 누워 몹시 괴로워하고 있습니다."

예수님은 즐거운 마음으로 대답하셨습니다.

"그래, 좋다. 내가 생각하는 원점은 그 하인이 건강한 몸으로 회복되는 것이다. 내가 가서 안수하므로 그렇게 돌려놓겠다."

백부장이 대답했습니다.

"아닙니다. 오지 않으셔도 됩니다. 이미 나았다고 믿기 때문에 말씀만 하시면 내 하인이 낫겠습니다."

그러자 갑자기 기적을 일으키는 공기가 만들어졌습니다.

믿음의 말 한 마디를 통해 공기가 확 바뀐 것입니다.

예수님께서 크게 놀라시며 칭찬의 말씀을 하셨습니다.

"이스라엘 중에서도 이만한 믿음을 만나 본 적이 없다. 네 믿음대로 되라."

그렇게 말씀하신 순간 하인이 깨끗이 나았습니다.

기적을 일으키는 공기는 무엇일까요? "말씀만 하옵소서"라며 믿음을 말로 표현하는 것입니다. 현실이나 현상이 아닌 예수님과 그분의 말씀에 대해 당신이 어떻게 반응하느냐가 가장 중요합니다.

"와, 예수님. 예수님은 정말 전지전능하신 분입니다. 죽은 자를 살리시는 분입니다. 안 되는 것을 되게 하시는 분입니다. 바랄 수 없는 중에 바라게 하시는 분입니다. 없는 것을 있는 것처럼 부르시는 분입니다. 예수님은 기적의 하나님이십니다. 그러므로 말씀만 하시면 내 하인이 낫겠습니다. 나는 말씀을 믿습니다."

항상 뭔가 더 많은 행위를 해야 된다고 생각하지 않습니까?

"하루에 일곱 시간을 기도해도 안 돼."

"40일 금식기도를 해도 안 돼."

"30년간 철야기도를 해도 안 돼."

"일천 번 작정예배를 드려도 안 돼."

"성경을 100번 읽어도 안 돼."

"신학대학원을 졸업하고 목사 안수를 받아도 안 돼."

"선교사로 나가서 몇 년간 고생해도 안 돼."

"집을 다 팔아서 헌금해도 안 돼."

그런 생각을 버려야 합니다. 하나님은 그런 것에 대해 보상하지 않습니다. 그런 것을 하나님의 은혜에 감사하는 마음으로 할 수는 있지만, 하나님은 우리가 그런 것을 하므로 대가를 지불하면 복을 주신다고 하지 않으셨습니다. 모든 대가는 예수님이 십자가에서 우리 대신 피와 땀과 눈물을 흘리며 다 지불하셨습니다.

"다 이루었다."(요 19:30)

이 말씀은 대가를 다 지불했다는 것입니다. "내가 값을 다 치렀다. 네가 해야 할 일을 내가 대신 했다. 내가 전쟁터에 나가 대신 싸워 이겼다. 빚을 다 갚았다. 모든 것을 끝냈다"는 의미입니다.

당신이 뭔가를 더 많이 해야 응답과 복을 받는다는 교만한 생각을 버려야 합니다. 그렇다면 무슨 생각을 해야 할까요?

"말씀만 하옵소서. 그러면 내 하인이 낫겠습니다."

말씀을 믿으면 기적이 일어납니다. 그러므로 교회에서 하는 가장 큰일은 헌신과 봉사가 아닙니다. 교회 청소를 하는 것이 아닙니다. 청소는 전문으로 하는 다른 사람에게 맡겨도 됩니다. 교회 주방에서 몇 년간 설거지 한다고 하나님이 복을 주시는 것도 아닙니다.

말씀을 듣는 것이 가장 중대한 일입니다. 믿음은 들음에서 나기 때문입니다. 교회에 갈 때 하나님의 말씀을 들으러 가십시오.

"하나님의 집으로 갈 때에, 발걸음을 조심하여라. 어리석은 사람은 악한 일을 하면서도 깨닫지 못하고, 제물이나 바치면 되는 줄 알지만, 그보다는 말씀을 들으러 갈 일이다."(전 5:1)

어떤 이는 마르다처럼 밤낮 원망만 쏟아 놓습니다.

"나는 밥하고 빨래하고 설거지하는데 저 마리아는 뭐야?"

밥하고 빨래하고 장보는 것이 다가 아닙니다. 그런 것은 하나님께 복을 받기 위해 하는 것이 아닌, 하나님께 복을 받았기 때문에 행복한 마음으로 다른 사람을 섬기기 위해 하는 것입니다.

교회에서 하는 가장 중대한 일은 예배 시간에 하나님의 말씀을 잘 듣는 것입니다. 말씀을 들을 때 '정말 그럴까? 말도 안 돼. 충격이야. 이해가 안 돼. 황당해'라고 생각하지 말고 "아멘, 내 인생에 그대로 됩니다. 기적을 믿습니다"라고 대답해야 합니다.

"그러므로 믿음은 들음에서 나며 들음은 그리스도의 말씀으로 말미암았느니라."(롬 10:17)

말씀을 들으면 믿음이 생기고 그것을 입술로 말하면 기적이 일어납니다. 마음으로 믿어 의에 이르고 입술로 시인하여 구원에 이릅니다. 마음에 믿고 조금도 의심하지 않으면 그대로 됩니다.

하나님은 성경에서 당신에게 복을 받기 위해 무엇을 하라고 요구한 적이 없습니다. 그냥 와서 편안하게 말씀을 들으면 믿음이 생기고 그것을 입술로 말하면 기적이 일어납니다. 마음에 조금도 의심하지 말아야 합니다. 믿음의 말로 기적을 일으키는 공기를 만드십시오. 하나님의 말씀에 감탄하면서 믿음으로 반응하십시오.

믿음이 하나님을 가장 기쁘게 하는 것입니다.

"믿음이 없이는 하나님을 기쁘시게 하지 못하나니 하나님께 나아가는 자는 반드시 그가 계신 것과 또한 그가 자기를 찾는 자들에게 상 주시는 이심을 믿어야 할지니라."(히 11:6)

수면력, 잠을 푹 자야 건강하고 행복해진다

당신은 하루에 몇 시간을 잡니까?

꿀벌도 하루에 8~9시간을 잡니다. 그 후에 열심히 일합니다.

나는 예전에 잠을 안 자고 미친 듯이 일했습니다. 그러니 자꾸 살이 쪘습니다. 잠이 부족하니까 몸이 피곤해졌고 그것을 해결하기 위해 매일 고기를 먹었습니다. 소고기는 비싸서 못 사 먹고 돼지고기로 배를 채웠습니다. 그러자 몸매가 망가지고 비대해졌습니다.

잠을 푹 자면 피곤하지 않기 때문에 고기를 많이 먹지 않아도 몸이 항상 개운하고 가뿐합니다. 일을 하든, 여행을 하든, 잠을 8시간 정도 푹 자면 하루 종일 일하고 뛰어다녀도 피곤하지 않습니다. 요즘도 나는 일을 많이 하는 편인데 전혀 피곤하지 않습니다.

2014년 6월에는 중국 장가계에 5일간 여행가서 하루 종일 산과 계곡을 걸으며 수천 개의 계단을 오르내렸지만 조금도 지치거나 피곤하지 않았습니다. 왜 그랬을까요? 밥은 하루에 한 그릇도 채 안

먹었지만 야채와 과일로 배를 채웠고 잠을 푹 잤기 때문입니다.

나는 잠을 푹 자기 때문에 다른 사람보다 많은 일을 해냅니다.

잠을 푹 자면 일에 대한 의욕이 생깁니다. 잠을 푹 자면 쌓인 스트레스가 사라지고 살도 잘 빠집니다. 수면이 부족하면 과식하게 됩니다. 식욕 호르몬이 증가하고 식욕 억제 호르몬이 감소하기 때문입니다. 또한 전두엽 기능 저하로 집중력이 떨어지고 신피질 기능 저하로 새로운 기술을 잘 익히지 못하게 됩니다. 무엇보다 잠을 잘 챙기고 하루에 8시간 푹 자십시오. "너희가 일찍이 일어나고 늦게 누우며 수고의 떡을 먹음이 헛되도다. 그러므로 여호와께서 그의 사랑하시는 자에게는 잠을 주시는도다."(시 127:2)

나의 넷째 딸은 잠자는데 특별한 재능이 있습니다. 그래서 피부도 깨끗하고 윤기가 흐릅니다. 어릴 때부터 잠을 많이 잤습니다. 그 아이의 어릴 때 사진을 보니 대부분 잠자는 사진이었습니다. 그렇게 잠을 푹 자고 난 뒤에 일하면 능률이 크게 오릅니다. 지금도 그 아이는 열심히 잡니다. 그래서 날씬합니다. 잠을 푹 자면 날씬해집니다. 그리고 성경에서 말하는 깨끗한 음식을 먹으면 건강해집니다.

원래 날씬한 사람들은 이해가 안 될 겁니다. 배가 남산처럼 나왔다 쏙 들어간 사람은 그것을 기적으로 여깁니다. 정말 불룩한 배가 들어갈까요? 얼마든지 가능합니다. 성령님께 도움을 구하십시오.

"성령님, 제 몸매가 날씬해지게 해주세요."

사람의 몸무게가 과연 줄어들 수 있을까요? 돼지고기, 소고기 덩어리를 몇 근 칼로 쑥 잘라서 저울에 올려 보면 압니다. 그 정도의 살이 빠진다는 것입니다. 진짜 내 몸무게가 그 정도로 빠질 수 있을까요? 성령님께 도움을 구하면 당신에게 지혜를 주실 것입니다.

나는 지금 날씬하고 멋있고 건강미와 매력이 넘칩니다.

수입력, 돈을 벌 수 있는 수백 가지 능력을 주셨다

당신은 한 달에 얼마의 수입을 얻고 있습니까?

돈도 원점을 높게 설정하면 그 원점대로 들어옵니다.

인생에는 시력, 청력, 근력만 있는 것이 아닙니다. 기억력, 이해력, 창의력, 집중력, 몰입력, 거래력, 협상력, 저술력, 강연력, 매매력, 통치력, 설득력, 조직력, 관찰력, 분석력, 활동력, 수면력, 공감력, 투자력, 저축력, 둔감력, 분리력, 정리력, 마감력, 수확력 등 무슨 능력이든지 당신 안에 이미 있습니다. 그러한 백 가지 이상의 능력이 바깥으로 하나씩 나타나면 인생은 바뀝니다. 나는 필요한 능력을 나타내 달라고 성령님께 매일 도움을 구합니다.

"사람이 어떻게 저 먼 것을 볼 수 있지? 말도 안 돼."

내 아내는 눈이 좋아서 다 보인다며 이렇게 합니다.

"잘 보이는 것이 정상 아닌가요? 나는 다 보이는데."

원래 눈이 좋은 사람은 모든 것이 다 잘 보입니다. 나도 눈에 대해 높은 원점을 설정했습니다. 지금은 정말로 저 멀리 있는 것과 깨알 같은 글씨가 다 잘 보입니다. 청력도 아주 좋습니다.

"어떻게 사람이 건물 몇 개를 뛰어 넘어 멀리서 대화하는 사람들의 이야기가 다 들리지? 말도 안 돼. 슈퍼맨도 아니고……."

나는 잘 들립니다. 청력이 매우 좋습니다. 그러므로 당신도 내 주변 몇 킬로미터 내에서는 나에 대해 욕하지 않는 것이 좋습니다. 그리고 나는 예언의 은사까지 받았기 때문에 육체의 귀로 들리지 않는 많은 것을 듣습니다. 성령님의 세미한 음성도 잘 들립니다.

청력에 대해 젊은 사람들은 잘 이해하지 못하겠지만 나이 드신 분들은 "잘 안 들려, 무슨 말을 하는 거야? 크게 말해"라고 호소합니다. 청력이 회복되면 슈퍼맨처럼 멀리 있는 소리가 들립니다.

아내가 나와 산책하면서 놀랍니다. 몇 키로 밖에 있는 소리를 듣고 말하기 때문입니다. 나는 눈으로 보는 것도 남다릅니다. 독수리의 시야를 가지고 있습니다. 아내가 말했습니다.

"어떻게 그게 다 보이세요?"

"나는 다 보여요. 독수리의 눈을 가지고 있어요."

슈퍼맨과 스파이더맨처럼 되고 싶다고요? 그렇게 잘 들리고 잘 보인다고 좋은 것만은 아닙니다. 너무 예민하면 신경이 날카로워 잠을 이룰 수 없게 됩니다. 심하면 정신이 미쳐버릴 수도 있습니다. 그래서 '둔감력'이 필요하고 모든 것에 적당한 것이 좋습니다.

"모든 것을 적당하게 하고 질서대로 하라."(고전 14:40)

배가력, 하나님이 주신 작은 것을 배가시켜라

하나님의 초자연적인 공급은 언제까지 진행될까요?

당신이 꿈꾸고 소원하는 모든 것이 채워질 때까지 계속 됩니다.

예수님은 남자만 5천 명이고 여자와 노인과 아이들까지 다 합치면 수만 명이나 되는 사람들의 배가 다 찰 때까지 기적을 베푸셨습니다. 그들의 배만 아니라 열두 바구니도 다 채워지는 것이 예수님이 정하신 원점이었습니다. 군중들의 배가 "꼬르륵" 하며 힘들어하는 것이 원점이 아니었습니다. 아이의 도시락을 뺏고 아이가 빈손이 되는 것도 원점이 아니었습니다. 그런 것은 경쟁적인 부입니다.

누군가의 것을 빼앗으면 나는 가졌지만 그 사람은 없는 것이 경쟁적인 부인데, 예수님은 그런 부가 아닌 창조적인 부를 나타내셨습니다. 다른 사람이 가진 지극히 작은 것으로 큰 것을 만드신 것입니다. 500원을 가지고 500만 원을 만들고, 500만 원을 가지고 50억을 만들었다는 말입니다. 나도 그렇게 하고 있습니다. 백배, 천배, 수만 배를 만듭니다. 하나님이 그런 지혜와 재능을 주셨습니다.

"그가 네게 재물 얻을 능을 주셨음이라."(신 8:18)

당신이 하나님께 헌금을 만 원 드렸다고 합시다.

"그러면 하나님은 만 원을 가졌고 나는 드렸으니 없잖아."

그게 아닙니다. 내가 하나님께 드린 것에 대해 하나님은 천 배, 만 배로 돌려주십니다. 그렇게 큰 부를 얻을 수 있는 지혜와 능력을 주십니다. 나는 실제로 그렇게 받았습니다. 하나님은 당신의 것을 일방적으로 빼앗은 분이 아닙니다. 하나님께서 당신에게 뭔가 요구하셨다면 그것으로 천 배, 만 배를 만들어 돌려주십니다.

미국의 기부 왕, 폴 마이어라는 사람이 있습니다. 그는 젊은 시절, 가난한 청년이었고 취업 면접에만 57번이나 떨어졌습니다. 그래도 자신이 처한 상황에 기가 죽는 대신 반드시 성공하여 꼭 사회에 도움이 되는 사람이 되겠다고 각오했습니다. 그리고 결국 보험 판매원으로서 성공하여 27세에 백만장자 대열에 합류했습니다.

후에 그는 교육, 컴퓨터 소프트웨어, 금융, 부동산, 인쇄, 제조, 항공 등 40개가 넘는 회사를 운영하며 자신의 책과 각종 기록물에서 20억 달러(약 2조 6천억 원)가 넘는 수입을 얻게 되었습니다.

폴 마이어는 수익의 50퍼센트를 기부한다는 원칙을 평생 지켜오고 있습니다. 이를 위해 오전에는 열심히 돈을 벌고 오후에는 돈이 필요한 사람이나 단체를 찾아가 그 돈을 나눠주고 저녁이 되면 집에 돌아와 더 많은 돈을 벌 새로운 아이템을 연구했습니다.

그는 사람들에게 돈 버는 방법을 가르치며 이렇게 말했습니다.

"당신이 원하는 것이 무엇인지 정확하게 목적지를 설정하라. 높은 원점을 설정해 놓으면 그대로 된다."

많은 청년들이 성공하고자 그에게 와서 조언을 구했습니다.

그럴 때마다 그는 청년들에게 벤츠 옆에 가서 사진을 찍게 하고 "이 사진에 나오는 모습이 자네의 진짜 모습이라네, 자네는 이미 이 벤츠의 주인이 되었어. 그렇게 된 줄 믿고 마음에 조금도 의심하지 말게. 그러면 반드시 그렇게 될 걸세"라고 일러 주곤 했습니다.

그렇게 믿고 말한 사람들, 그에게 코치 받은 사람들이 다들 크게 성공하고 벤츠 오너가 되었습니다. 그는 말했습니다.

"당신이 한 번 생각하고 말한 것은 시간과 공간을 초월해 이미 가졌다고 믿으라. 받았다고 믿으라. 그렇게 되었다고 믿으라. 그러면 기적이 일어나 실제로 그렇게 된다. 모든 꿈이 이뤄진다."

단기 목표를 설정하고 죽어라 노력해야 하는 것이 아닙니다.

목적지를 설정하면 '자동목적달성장치'가 가동됩니다. 비행기는 자동으로 목적지까지 날아갑니다. 내가 몰고 다니는 벤츠는 자동속도설정장치가 있습니다. 속도를 정하면 그 속도로만 계속 달립니다.

과학이 발달할수록 모든 것이 자동화됩니다. 하나님도 자동화를 좋아하십니다. 그분이 정하신 대로 만물이 사시사철 자동으로 돌아가고 있습니다. 자동으로 해와 달과 별, 지구가 움직입니다.

당신도 목적지를 설정하고 출발하면 자동으로 거기에 도착할 것입니다. 나는 자동차에 대해 '벤츠'라는 목적지를 설정해 놓았습니다. "모닝을 타다가 아반테를 타고, 쏘나타를 타다가 그랜저를 타고, 아우디를 타다가 벤츠를 타야지"라고 하는 것은 단계적으로 목표를 설정하는 것입니다. 그런 단계를 모두 거칠 필요가 없습니다.

처음부터 벤츠를 타겠다고 설정하면 그대로 됩니다.

20대, 30대에 벤츠를 타십시오. 그래도 됩니다.

"내가 하루에 네 시간을 자고 스물 시간을 일해야 돼. 그래도 겨우 성공할까 말까인데, 어떻게 하면 잠을 더 줄일 수 있을까 고민하고 죽어라 더 많이 일하고 공부해야 성공할 수 있어."

그렇게 노력의 목표를 설정하는 것은 수재 마인드입니다. 목적지 설정은 차원이 다릅니다. 수재들은 목표를 설정하고 천재들은 목적지를 설정합니다. "나는 지금 쏘나타를 타고 있어. 내 목적지는 벤츠야"라고 할 때 끝에서부터 곧 지금 당장 벤츠를 사면됩니다. 중간에 꼭 쏘나타나 그랜저를 살 필요가 없습니다. 벤츠부터 사겠다고 마음먹으면 그런 돈을 벌 수 있도록 하나님이 도우십니다.

구체적인 목적지를 공책에 적고 거기에 도착했다고 믿으면 기적이 일어납니다. 하나님께서 시간과 공간을 초월해서 초자연적인 응답을 주십니다. 모든 성공의 비결은 끝에서부터 시작하는 것입니다. 예수님은 제자들에게 하나님의 믿음이 무엇인지 가르치셨습니다. 그것은 곧 받은 줄로 믿고 끝에서부터 시작하는 것입니다.

"하나님을 믿으라. 내가 진실로 너희에게 이르노니 누구든지 이 산더러 들리어 바다에 던져지라 하며 그 말하는 것이 이루어질 줄 믿고 마음에 의심하지 아니하면 그대로 되리라. 그러므로 내가 너희에게 말하노니 무엇이든지 기도하고 구하는 것은 받은 줄로 믿으라. 그리하면 너희에게 그대로 되리라."(막 11:22~24)

성령님, 기름 부으심이 파도치게 해주세요

성령님을 인격적으로 만나고 싶어요

당신은 성령님을 인격적으로 만났습니까?

나는 혼자 공원을 산책하다가 눈을 들어 위를 보며 구했습니다.

"하나님, 저는 하나님을 인격적으로 만나고 싶어요."

내 영혼의 갈급한 부르짖음이 끝나고 잠시 침묵이 흐른 후에 갑자기 내 눈 앞에 성령님의 임재가 아주 선명히 드러났습니다.

그 순간 내 '믿음의 눈'이 열렸으며, 내 앞에 성령님이 실제로 계신 것이 인식되어졌고 그분이 인격자이심을 깨닫게 되었습니다.

성령님은 내 영에 말씀하셨습니다. 그것은 내 귀에는 들리지 않았지만 내 영은 분명히 알아들을 수 있는 세미한 음성이었습니다.

'내 사랑하는 아들아, 내가 너보다 더욱 너를 인격적으로 만나고 싶었다. 나는 많은 사람들에게 인격적으로 무시당하고 있다. 나는 모든 사람이 나를 인격적으로 대해 주기를 바란다.'

나는 그 후로 지금까지 매일 습관적으로 성령님을 존중히 모시는 삶을 살았습니다. 새벽에 눈을 뜨면 인사부터 했습니다.

"성령님, 안녕하세요?"

나는 일상적인 일을 모두 성령님께 말씀드리며 그분과 대화를 나누었고 날이 갈수록 그분과 더욱 친밀해졌습니다. 특별한 일이 있으면 "성령님, 어떻게 할까요?"라고 묻기도 했습니다. 어디를 갈 때면 "성령님, 함께 가시지요"라고 말씀드리며 인격자로 나와 함께 계신 성령님을 존중히 모시고 다녔습니다. "성령님, 저를 도와주세요"라고 말씀드리는 것은 어느덧 습관적으로 내 입에서 튀어나오고 있었습니다. 내가 그렇게 성령님을 인격적으로 존중히 모시자 그분은 나를 통해 강한 능력으로 역사하기 시작하셨습니다.

내가 기도하거나 손만 대어도 많은 사람이 성령을 체험하게 되었습니다. 부모님과 친척 친구들, 그리고 여러 성도들이 성령의 나타남을 체험하고 즉시 방언으로 말하기 시작했습니다. 아이들도 성령을 체험했고 시골에 계신 할머니도 성령을 받아 입에서 방언이 터져 나왔습니다. 한 학생은 성령님께서 얼마나 강하게 역사하셨던지 등에 불이 붙어 뜨겁다고 뒹굴었고, 더러운 귀신이 소리 지르며 나가고 병든 사람이 치료되기도 했습니다. 그때 내 나이 20세였는데, 성령의 기름 부으심이 파도치고 있었습니다. 당신도 구하세요.

"성령님, 기름 부으심이 파도치게 해주세요."

성령의 기름 부으심을 받아 누리는 비결

당신은 성령의 기름 부으심을 받아 누리고 있습니까?

성령의 기름 부으심은 매일 간절한 기도를 통해 내가 흘린 땀과 피와 눈물만큼 한 컵이나 한 동이를 겨우 받는 것이 아닙니다.

나는 한강처럼 넘치는 성령의 기름 부으심이 내 안에 실제로 흐르고 있음을 알고 있습니다. 내 안에 하나님의 영이 가득합니다. 내가 쓴 책 〈아, 내 안에 하나님이 가득하다〉를 읽어보기 바랍니다. 성령님은 하나님이시며, 그분이 내 안에 살아 계십니다. 나는 그분과 인격적으로 친밀하게 사귑니다. 그분은 나의 전부이십니다.

성령의 기름 부으심이 흐를 때 하나님의 지혜가 가득하게 됩니다. 그렇다면 어떻게 성령의 기름 부으심을 공급받을 수 있을까요?

행위가 아닌 오직 믿음으로 받습니다. 혹시 당신은 성령의 기름 부으심을 하나님이 거저 주시는 선물이 아닌 당신의 노동에 대한 삯으로 주어진다고 여기지 않습니까? 결코 그렇지 않습니다.

의도 거저 주시는 선물이고 성령도 거저 주시는 선물입니다.

값은 예수님이 십자가에서 피와 땀과 눈물을 흘리며 다 지불하셨습니다. 우리는 은혜로 성령의 기름 부으심을 공급받습니다. 예수님은 자신을 믿는 모든 자에게 성령의 기름 부으심이 생수의 강처럼 저절로 흘러 난다고 말씀하셨습니다. 믿음이 비결입니다.

"명절 끝날 곧 큰날에 예수께서 서서 외쳐 가라사대 누구든지 목마르거든 내게로 와서 마시라. 나를 믿는 자는 성경에 이름과 같이 그 배에서 생수의 강이 흘러 나리라 하시니 이는 그를 믿는 자의 받을 성령을 가리켜 말씀하신 것이라."(요 7:37~39)

성령의 기름 부으심이 내 안에 가득하다

당신 안에 성령의 기름 부으심이 가득합니다. 이것은 믿음으로 말미암은 것이지 결코 육신의 행위로 말미암은 것이 아닙니다.

육신의 행위로 성령 충만해진다는 것이 율법의 행위입니다.

"너희가 이같이 많은 괴로움을 헛되이 받았느냐? 과연 헛되냐? 너희에게 성령을 주시고 너희 가운데서 능력을 행하시는 이의 일이 율법의 행위에서냐 혹은 듣고 믿음에서냐?"(갈 3:4~5)

예수님이 값을 다 지불한 은혜의 복음을 굳게 붙들어야 합니다.

우리는 오직 믿음으로 말미암아 성령 충만한 사람이 됩니다.

성령 충만은 곧 성령의 기름 부으심입니다. 성령의 기름 부으심이 가득한 사람은 일곱 가지 속성이 나타납니다. 무엇일까요?

"그의 위에 여호와의 영 곧 지혜와 총명의 영이요 모략과 재능의 영이요 지식과 여호와를 경외하는 영이 강림하시리니."(사 11:2)

여호와의 영이 당신의 주인이 되어 다스리게 되며 지혜와 총명, 모략과 재능, 지식과 여호와를 경외하는 마음이 가득해집니다.

이러한 기름 부으심이 나타나기를 사모하기 바랍니다.

나는 기름 부으심을 받기 위해 찬양하지 않습니다. 기름 부으심을 받기 위해 기도 시간을 채우지도 않습니다. 왜 그럴까요? 이미 성령의 기름 부으심이 내 안에 가득히 들어와 있기 때문입니다.

요한일서 2장 27절에 "너희는 주께 받은바 성령의 기름 부으심이 너희 안에 거하나니"라고 말씀했습니다. 기름 부으심이 내 안에 가득히 있기 때문에 그 기름 부으심을 따라 기도하고 찬양합니다.

유명한 사람이 안수해서 부어 준 기름 부으심이 아닙니다. 주님이 직접 부어 주신 기름 부으심이 내 안에 가득히 거하고 있습니다.

인간적인 노력과 행위로 더 많은 기름 부으심을 얻으려고 애써서는 안 됩니다. 그런 도구들은 모두 불살라야 합니다. 오직 하나님의 은혜를 믿음으로 성령 충만해진다는 사실을 기억해야 합니다.

성령의 기름 부으심은 당신의 피와 땀과 눈물에 대한 보상으로 주어지는 것이 결코 아닙니다. 오직 예수님의 피와 땀과 눈물에 대한 보상으로 주어지는 것입니다. 성령은 상품이 아닌 선물입니다.

"이는 그가 사랑하시는 자 안에서 '우리에게 거저 주시는 바' 그의 은혜의 영광을 찬송하게 하려는 것이라."(엡 1:6)

나도 전에는 능력을 받고 성령 충만한 삶을 살려면 내 땀과 피와 눈물을 흘리는 육체의 행위가 많아야 한다고 생각했고 내 행위에 대한 보상으로 기름 부으심을 조금씩 더 받게 된다고 생각했습니다.

하지만 성경은 이것이 오히려 하나님이 거저 주시는 은혜를 정면으로 대적하는 율법적인 신앙 행위라고 말씀합니다. "우리가 이 보배를 질그릇에 가졌으니 이는 능력의 심히 큰 것이 하나님께 있고 우리에게 있지 아니함을 알게 하려 함이라."(고후 4:7)

우리는 질그릇입니다. 엄청난 능력은 질그릇인 우리에게 있지 않습니다. "우리에게 있지 않다"는 말씀은 '우리의 온갖 종류의 행위에서 나오는 것이 아니다'라는 뜻입니다. 기름 부으심은 근본적으로 우리의 어떤 행위 곧 노력과 대가 지불에 있지 않습니다.

우리의 행위로는 하나님의 능력을 끌어내리지 못합니다.

"너희가 믿음으로 말미암아 그 은혜로 구원을 얻었나니 이것이 너희에게서 난 것이 아니요 하나님의 선물이라."(엡 2:8)

구원도, 구원 받은 자의 삶을 사는 능력도 우리의 행위에서 난 것이 아닙니다. 이 모두 하나님께로부터 은혜로 주어진 것이며 우리는 단 한 가지 조건인 '오직 믿음'으로 거저 받습니다.

우리가 예수 그리스도를 구주로 믿는 순간 엄청나게 큰 능력을 가지신 하나님이 즉시 우리 안에 들어오십니다. 내 안에 계신 하나님을 믿는 믿음으로 말하고 행동할 때 그분의 능력이 나타나게 됩니다. 내 안에 계신 하나님을 믿는 믿음이 능력의 비결입니다.

"믿는 자들에게 이런 표적이 따르리니."(막 16:17)
"믿음의 기도는 병든 자를 구원하리니."(약 5:15)
"나를 믿는 자는 내가 한 일을 저도 하리라."(요 14:12)
"나를 믿는 자는 영원히 목마르니 아니하리라."(요 6:35)

이 모두 예수 그리스도를 믿는 믿음을 강조합니다.

당신은 지금 예수 그리스도를 구주로 믿고 있습니까?

그렇다면 이미 당신 안에 모든 권세와 능력을 가지신 성령님이 가득히 들어와 계신다는 사실을 인정하고 믿어야 합니다.

"주님께 붙어 있으라"(행 11:23)는 말씀은 '그분을 전적으로 믿고 의지하라. 그분의 은혜에 맡기라'는 뜻입니다. 행위가 아닌 처음에 가졌던 그 단순한 믿음으로 주님께 붙어 있어야 합니다.

하나님이 주시는 모든 은혜는 믿음으로 거저 받습니다.

믿음으로 구원받고, 믿음으로 의로워지고, 믿음으로 성령 충만해지고, 믿음으로 부요해지고, 믿음으로 지혜를 얻습니다. 행위로 하나님 앞에 의롭다 함을 받거나 성령 충만을 받을 육체는 한 명도 없습니다. 성령은 사람이 값을 지불할 수 없는 하나님의 가장 큰 선물 곧 하나님 자신이기 때문입니다. 성령은 억만 금을 주고도 못 삽니다. 일론 머스크, 워렛 버핏, 빌 게이츠가 가진 주식을 다 팔아도 성령을 한 방울도 살 수 없습니다. 성령은 하나님이십니다.

로마서 8장 32절에 "그 아들을 아끼지 아니하시고 우리 모든 사람을 위하여 내어 주신 이가 어찌 그 아들과 함께 모든 좋은 것을 주시지 않겠느냐?"라고 했습니다. 여기서 모든 좋은 것은 성령과 능력을 포함합니다. 이 모두를 선물로 주지 않겠느냐는 말씀입니다.

하나님의 아들 예수도 선물로 왔지 우리가 무엇인가를 드림으로 온 것이 아닙니다. 예수의 영인 성령도 선물로 온 것이지 우리가 어떤 일을 했다고 오는 것이 아닙니다. 예수님과 성령님은 모두 하나님의 선물입니다. 선물은 주는 쪽에서 값을 지불합니다.

예수님이 한 여인에게 말씀하셨습니다. "네가 만일 하나님의 선물과 또 네게 물 좀 달라 하는 이가 누구인 줄 알았더라면 네가 그에게 구하였을 것이요 그가 생수를 네게 주었으리라."(요 4:10)

생수는 예수님이 값을 지불하고 선물로 주시는 것입니다.

나는 행위가 아닌 은혜로 모든 복을 받았다

당신은 기름 부으심을 위해 어떤 대가를 지불하고 있습니까?

성령의 기름 부으심을 더 많이 받기 위해 당신이 지불해야 하는 대가는 하나도 없습니다. 자신의 땀과 피와 눈물 곧 자신의 행위를 통해 값을 지불하므로 성령을 더 많이 받으려고 하는 사람은 '믿음의 법'과 전혀 상관없는 자이며 하나님이 보시기에 악한 사람입니다. 사도행전에 성령을 돈 주고 사려고 한 사람이 나옵니다.

[사마리아 성에 시몬이라는 사람이 있었는데 빌립이 사마리아에 오기 전만 해도 그는 성에서 마술을 하면서 사람들을 놀라게 하기도 하고 스스로 위대한 인물이라고 하면서 잘난 체하던 사람이었다. 낮은 사람에서부터 높은 사람에 이르기까지 모두 "이 사람이야말로 큰 능력으로 알려진 하나님의 능력을 받은 사람이다"라고 소리를 지르곤 했다. 시몬은 백성의 관심을 한 몸에 받던 사람이었다. 시몬이 오랫동안 마술로 사람들을 놀라게 했기 때문에 사람들이 그를 따랐다. 그러나 빌립이 그들에게 하나님의 나라와 예수 그리스도의 이름에 관한 복음을 전하자 남자 여자 할 것 없이 다 빌립의 말을 믿고 세례를 받았는데 이때 시몬도 믿고 세례를 받았다. 그는 빌립을 따라다니며 빌립이 일으키는 표적과 큰 능력을 보고 놀랐다. 사마리아 사람들이 하나님의 말씀을 듣게 되었다는 소식을 듣고 예루살렘에 남아 있던 사도들은 베드로와 요한을 그들에게 보냈다. 사마리아에 도착한 베드로와 요한은 사마리아 사람들이 성령을 받게 해 달라고 기도했다. 이는 그들이 주 예수님의 이름으로 세례만 받았을 뿐 아직 그들에게 성령이 내려오시지는 않았기 때문이었다. 두 사도가 그들에게

손을 얹자 사마리아 사람들이 성령을 받았다. 시몬은 사도들이 손을 얹자 성령이 내려오시는 것을 보고 사도들에게 돈을 주면서 "이런 권능을 내게도 주셔서 내가 손을 얹는 사람도 성령을 받을 수 있게 해주십시오"라고 말했다. 이에 베드로가 그에게 대답했다. "네가 하나님의 선물을 돈으로 살 수 있다고 생각했으니 너는 돈과 함께 망할 것이다. 너의 마음이 하나님 앞에서 바르지 못하니 너는 이 일을 우리와 함께 할 수 없다. 너는 이 악한 생각을 회개하고 주님께 기도하라. 그러면 네 마음속에 품고 있는 이런 생각을 주님께서 용서해 주실 지도 모른다. 내가 보니 너는 악한 뜻을 품고 있으며 죄에 사로잡혀 있다."]

성령은 오직 믿음으로 거저 받습니다.

성령의 나타남도 오직 믿음으로 거저 받습니다.

예수를 구주로 믿는 순간 성령이 각 사람 안에 들어오십니다.

성령으로 아니하고는 예수를 '주님'이라고 시인할 수 없습니다.

사도들은 예수를 구주로 믿는 사람에게 성령의 나타남이 있도록 안수해 주었던 것입니다. 성령의 나타남이 안수라는 믿음의 행동을 통해 나타나게 되었습니다. 결코 많은 돈을 지불하거나 오랜 고행을 하는 육신의 행위를 통해 성령을 사는 것이 아니었습니다.

시몬은 율법주의적인 '악한 뜻과 악한 생각'을 품고 있었습니다. 그런 사람은 믿음의 도와 전혀 상관없으며 오히려 "다 이루었다"(요 19:30)는 예수 그리스도 십자가의 원수로 행하는 자입니다.

성령의 기름 부으심을 받기 위해 인간적인 고행을 하지 말아야 합니다. 온갖 거짓 교사들의 하는 말에 미혹을 당하지 않도록 주의

해야 합니다. 오직 믿음으로 주님께 붙어 있기만 하면 되는데, 그렇지 않고 자기 행위의 대가로 하나님으로부터 무엇인가를 얻으려고 하는 사람은 그리스도에게서 끊어지고 은혜에서 떨어진 자입니다.

"율법 안에서 의롭다 함을 얻으려 하는 너희는 그리스도에게서 끊어지고 은혜에서 떨어진 자로다."(갈 5:4)

꼭 기억하십시오. 성령과 성령의 능력은 믿음으로 말미암아 얻는 선물이지 율법의 행위로 말미암아 얻게 되는 보상이 결코 아닙니다.

사도 바울이 갈라디아 교인들에게 말한 "어리석도다. 갈라디아 사람들아, 예수 그리스도께서 십자가에 못 박히신 것이 너희 눈앞에 밝히 보이거늘 누가 너희를 꾀더냐"란 말씀은 "예수님이 값을 지불한 것이, 예수님이 대가를 치른 것이, 예수님이 다 이룬 것이 너희 눈앞에 똑똑히 보이지 않느냐? 누가 너희를 꾀더냐? 속지 마라"는 의미입니다. 당신도 제발 속지 마십시오.

"내가 너희에게서 다만 이것을 알려 하노니, 너희가 성령을 받은 것이 율법의 행위로냐 혹은 듣고 믿음으로냐. 너희가 이같이 어리석으냐. 성령으로 시작하였다가 이제는 육체로 마치겠느냐. 너희가 이같이 많은 괴로움을 헛되이 받았느냐. 과연 헛되냐. 너희에게 성령을 주시고……."(갈 3:2~5)

구원을 받은 사람은 이미 성령님이 그 속에 와 계십니다.

"너희 가운데서 능력을 행하시는 이의 일이……."(갈 3:5)

이것은 성령의 기름 부으심과 은사가 나타나는 비결을 말씀하고 있으며, 성령 충만과 큰 권능을 모두 포함하는 내용입니다.

"율법의 행위에서냐? 혹은 듣고 믿음에서냐?"(갈 3:5)

듣고 믿음으로입니다.

방언을 받는 것도 예수를 구주로 믿는 사람이 사모하는 마음으로 혀를 맡기면 즉시 방언이 터지게 됩니다. 이미 성령이 그 사람 속에 가득히 들어와 계시기 때문에 믿고 순종하면 성령의 나타남이 있게 되는 것입니다. 성령님이 구원받은 각 사람 속에 들어와 계시되 조금 들어와 계신 것이 아니라 강물처럼 넘치게 들어와 계십니다.

지금 당신 안에 한강 같은 성령님이 들어와 계십니다.

성령의 나타남인 표적은 믿는 자들에게 따르는 것입니다.

예수님은 "믿는 자들에게는 이런 표적이 따르리니 곧 저희가 내 이름으로 귀신을 쫓아내며 새 방언을 말하며"(막 16:17)라고 했습니다. 오직 믿음입니다. 인간적인 노력으로 성령 충만과 능력을 받고자 하는 모든 생각을 불사르십시오. 오직 믿음으로 성령 충만과 능력을 받습니다. 이것은 정말 신기하고 놀라운 비밀입니다.

당신의 집 안에 전기가 흐르고 있습니다. 스위치를 올리면 전구에 불이 들어옵니다. 욕실에 수도가 흐르고 있습니다. 수도꼭지를 올리면 샤워기에서 물이 나옵니다. 사무실에 와이파이가 있습니다. 버튼을 눌러 연결만 하면 인터넷을 마음껏 쓸 수 있습니다. 이 모든 것은 간단한 행동으로 연결되어 누리게 되는 것입니다.

스위치를 올리는 것, 수도꼭지를 트는 것, 와이파이를 연결하는 것, 이것이 곧 성경에서 말하는 믿음의 행동입니다. 믿음의 스위치를 올리고 믿음의 수도꼭지를 틀고 믿음의 와이파이를 연결하십시오. 그 방법은 마음으로 믿고 입으로 고백하는 것입니다. 그럴 때 성령님의 기름 부으심이 나타나게 됩니다. 간단하고 쉽습니다.

믿음은 송신기와 수신기가 연결되도록 하나님이 정하신 단순한 방법이요 지혜입니다. 마음으로 믿어 의에 이르고 입으로 시인하여 구원에 이른다고 했습니다. 마음으로 믿고 입으로 시인하면 의와 성령 충만, 건강과 부요, 지혜와 평화와 생명이 흐르게 됩니다.

당신이 원하는 것이 무엇입니까? 그것을 마음으로 믿고 입술로 말하십시오. 그러면 초자연적인 성령의 나타남이 있게 될 것입니다. 당신 안에 하나님이 계시고 하나님의 믿음도 가득히 있습니다.

그러므로 당신이 문제의 산을 향해 "들리어 바다에 던져지라"고 말하고 조금도 의심하지 않으면 말한 그대로 될 것입니다.

"하나님을 믿으라. 내가 진실로 너희에게 이르노니 누구든지 이 산더러 들리어 바다에 던져지라 하며 그 말하는 것이 이루어질 줄 믿고 마음에 의심하지 아니하면 그대로 되리라. 그러므로 내가 너희에게 말하노니 무엇이든지 기도하고 구하는 것은 받은 줄로 믿으라. 그리하면 너희에게 그대로 되리라."(막 11:22~24)

이것이 곧 성령님이 우리에게 주신 지혜입니다.

이러한 지혜가 당신 안에도 가득합니다.

성령님, 가족을 잘 코치하게 해주세요

당신은 결혼이 무엇이라고 생각합니까?

나는 "결혼은 새로운 인생의 출발점이다"라고 말합니다.

그렇다면 이 문제에 대해 기도하며 신중하게 선택하고 잘 결정해야 합니다. 순간의 선택이 평생의 행복을 좌우하기 때문입니다.

나는 26세에 신학교에서 김열방 목사님을 만나 결혼했고 아들 둘, 딸 둘, 네 명을 낳아 키우며 행복하게 살고 있습니다. 나는 〈인생은 선택이다〉라는 책을 써냈는데, 그만큼 선택이 중요합니다.

내 인생에서 가장 중대한 선택은 바로 결혼이었습니다.

결혼한 후에 70년을 함께 살아야 한다

사람은 모태에서 나와 2, 30년간 양육 받으며 삽니다. 그리고 배우자를 만나 결혼하게 되면 부모로부터 독립하여 새로운 인생을 출발하게 됩니다. 이 기간은 혼자 살 때보다 더욱 중요합니다.

결혼식은 30분이지만 그 후에는 수십 년을 배우자와 함께 살아가야 합니다. 30세에 결혼해서 100세까지 산다면 70년을 함께 살아야 하고 120세까지 산다면 90년을 함께 살아야 합니다.

결혼하기 전에는 수십 년간 혼자 살았지만 결혼한 후에는 갑절이나 긴 세월을 부부가 함께 보내게 된다는 것을 기억하고 하나님의 관점에서 하나님을 경외하는 사람을 선택하도록 해야 합니다.

어떤 배우자를 만나 결혼하느냐에 따라 인생은 완전히 달라집니다. 비옥한 삶을 살 수도 있고 비참한 삶을 살 수도 있습니다. 하지만 많은 사람이 배우자를 선택할 때 신중하게 생각하지 않고 "아무나 만나 결혼하면 되지"라고 말하며, 외적인 조건만 봅니다.

"하나님을 경외하는 중심보다 외모가 더 중요해. 돈, 명예, 권세, 학벌, 건물, 집안, 외모, 성격, 그런 조건을 어느 정도 갖춘 사람을 만나 결혼하면 평생 아무 문제없이 행복하게 살 수 있을 거야."

그것은 사람의 기준이며 행복한 가정을 보장해 주지 않습니다.

한 자매가 믿음의 배우자를 찾겠다고 소개앱을 통해 10명의 그리스도인 청년을 만났는데 결국 자기가 원하는 외모가 아니라며 불신자와 결혼하는 것을 보았습니다. 참으로 안타까운 일입니다.

나는 외적인 조건이 아닌 '여호와를 경외하는 중심'을 보고 지금의 남편과 결혼했습니다. 그러자 다른 것은 하나님이 은혜로 더하셨습니다. 내 인생은 결혼한 후에 더욱 비옥해졌습니다.

사람의 기준인 돈, 명예, 권세, 학벌, 집안 배경, 외모, 성격 등은 처음 만났을 때는 잠깐 영향을 미치지만 언제든지 흔들리고 바뀔 수 있습니다. 그런 것이 계속 유지되면 다행이지만 그렇지 못할 경우 다툼이 생기고 결혼 생활이 힘들어집니다. 성경은 말씀합니다.

"다투는 여인과 함께 큰 집에서 사는 것보다 움막에서 혼자 사는 것이 나으니라."(잠 25:24)

외적인 조건이 전혀 필요 없다는 말이 아닙니다.

우리는 마음에 배우자에 대한 구체적인 소원을 가지고 외적인 조건도 하나님께 마음껏 구할 수 있습니다. 그러나 가장 중요한 것은 변하지 않는 속성 곧 일관성을 따라 배우자를 구해야 한다는 것입니다. 그것은 바로 '여호와를 경외하는 중심'입니다.

그런 배우자와 함께 살면 어떤 행복을 누리게 될까요?

첫째, 여호와를 경외하는 사람은 작은 일 때문에 쉽게 흔들리지 않습니다. "네 시대에 평안함이 있으며 구원과 지혜와 지식이 풍성할 것이니 여호와를 경외함이 네 보배니라."(사 33:6)

둘째, 여호와를 경외하는 사람은 하나님이 풍성히 채우시기 때문에 모든 것에 조금도 부족함이 없습니다. "너희 성도들아, 여호와를 경외하라. 그를 경외하는 자에게는 부족함이 없도다."(시 34:9)

셋째, 하나님 앞에 겸손한 사람 곧 여호와를 경외하는 배우자를 만나면 재물과 영광과 생명이 저절로 따라옵니다. "겸손과 여호와를 경외함의 보상은 재물과 영광과 생명이니라."(잠 22:4)

넷째, 여호와를 경외하는 사람은 눈에 보이는 것과 귀에 들리는 것을 따라 판단하지 않기 때문에 행복합니다. "그가 여호와를 경외함으로 즐거움을 삼을 것이며 그의 눈에 보이는 대로 심판하지 아니하며 그의 귀에 들리는 대로 판단하지 아니하며."(사 11:3)

여호와를 경외하는 사람이 진정한 영의 사람입니다.

육신의 사람이 되지 말고 영의 사람이 되라

세상에는 두 종류의 사람이 있습니다.

어떤 사람일까요? 믿음을 따라 판단하는 '영의 사람'과 눈에 보이는 것과 귀에 들리는 것을 따라 판단하는 '육신의 사람'입니다.

영의 사람은 오직 말씀과 기도로 모든 일을 진행하기 때문에 주위 사람의 말이나 환경에 따라 요동하지 않지만 육신의 사람은 보이고 들리는 것을 따라 모든 일을 진행하기 때문에 주위 사람들의 말이나 환경에 따라 하루에 수백 번도 더 흔들립니다. 당신은 주위 사람들의 말이나 환경이 아닌 영을 따라 살아야 합니다.

"육신을 따르는 자는 육신의 일을, 영을 따르는 자는 영의 일을 생각하나니 육신의 생각은 사망이요 영의 생각은 생명과 평안이니라. 너희가 육신대로 살면 반드시 죽을 것이로되 영으로써 몸의 행실을 죽이면 살리니 무릇 하나님의 영으로 인도함을 받는 사람은 곧 하나님의 아들이라."(롬 8:5~6, 13~14)

당신의 인생이 날마다 요동치며 지옥 같이 비참해도 된다면 눈에 보이는 것을 따라 육신의 사람과 결혼해도 되지만 생명과 평안을 누리려면 반드시 영의 사람과 결혼해야 합니다. 여호와를 경외하는 남자와 여자가 만나면 행복한 결혼 생활이 보장됩니다.

외적인 조건은 수시로 변하기 때문에 가난했다가 부요해질 수 있고, 명예가 없다가 생길 수도 있고, 병들었다가 건강해질 수도 있습니다. 계속 바뀝니다. 그에 비해 여호와를 경외하는 중심은 더해질 수 있는 것이 아니며, 오직 하나님의 선물입니다.

성령님을 의지하면 그런 사람을 만날 수 있도록 이끄십니다.

이렇게 말씀드리며 매일 성령님께 도움을 구하기 바랍니다.

"성령님, 제가 중심이 올바른 사람 곧 여호와를 경외하는 사람을 만나 결혼하게 해주세요. 제 결혼 문제를 인도해 주세요."

성령님의 초자연적인 인도하심을 믿고 기대하십시오.

결혼한 후에도 늘 성령님을 의지해야 한다

우리는 결혼한 후에도 성령님을 늘 의지해야 합니다.

그리스도 안에 있는 부부는 어떻게 행복한 가정을 꾸려 나갈 수 있을까요? 행복한 부부의 필수 조건은 '서로에 대한 믿음'입니다.

어떤 환난과 시련을 만나든지 서로 믿어 주어야 합니다.

서로 조화를 이루며 화합해야 합니다. 많은 사람들이 결혼하면 금방 현실적인 사람이 되고, 행복에 대한 기대를 포기합니다.

"결혼했으니 모든 것이 끝난 거야. 1단계로 내가 원하는 결혼은 성취했으니 이제부터는 자녀를 낳고 집과 차를 사고 승진하고 또 다른 많은 업적을 이루기 위해 달려가야지."

그는 결혼이 성공의 일부라고 생각합니다. 결혼한 순간 다른 목표를 향해 달려가야 한다고 생각하는 것입니다. 자녀를 잘 키우기 위해 맞벌이하는 것, 더 좋은 차로 바꾸는 것, 더 넓은 아파트를 마련하는 것, 몇 개의 통장에 큰돈을 모으는 것을 목표로 삼습니다.

남자와 여자가 각자 자기에게 주어진 일을 합니다. 사업을 크게 일으키기 위해 밤낮 정신없이 뛰어다닙니다. 몇 년이 지나면서 원하는 대로 집과 차와 돈을 얻었지만 오로지 눈에 보이는 목적을 달성하기 위해서만 달려왔기에 더 소중한 것을 많이 잃게 됩니다.

그걸 '미래를 위한 희생'이라고 생각합니다. 예수님은 눈에 보이는 온 천하보다 중요한 것이 있다고 말씀하셨습니다.

"사람이 만일 온 천하를 얻고도 자기를 잃든지 빼앗기든지 하면 무엇이 유익하리요."(눅 9:25)

하나님은 우리에게 모든 것을 풍성히 주기를 원하십니다.

하지만 그 모든 것은 더해지는 하나님의 선물입니다.

"다만 너희는 그의 나라를 구하라. 그리하면 이런 것들을 너희에게 더하시리라."(눅 12:31)

결혼 생활에 있어 우선순위를 분명히 정해야 합니다.

첫째는 하나님을 경외하는 중심입니다.

둘째는 부부 간의 사랑과 우정 관계입니다.

셋째는 자녀 출산과 양육, 독립입니다. 자녀 한 명은 100조 원 이상의 재산 가치가 있습니다. 자녀는 하나님이 주신 선물입니다.

넷째는 재정적인 안정과 사업의 성공, 노후 준비 등입니다.

이를 위해 부부는 팀을 이뤄 협력해야 하며, 온 마음을 다해 성령님을 의지해야 합니다. 이 모든 것에 성령의 바람이 불어야 합니다.

내 힘과 지혜로 안 됩니다. 성령의 바람이 불어야 가능합니다.

이것이 내가 그동안의 결혼 생활에서 가장 중요하게 생각한 것입니다. 당신도 성령님께 지혜를 구하기 바랍니다.

"성령님, 결혼 생활에 지혜를 주세요."

부부는 따로 놀지 말고 한 팀이 되어야 한다

당신은 혹시 따로 혼자 놀지 않습니까?

남편과 아내는 따로 놀지 말고 한 팀이 되어야 합니다.

하나님은 천지를 창조하신 후에 아담을 만드셨습니다. 그리고 "사람이 혼자 사는 것이 좋지 않다"고 말씀하셨습니다. 아담은 자기에게 나아오는 모든 동물의 이름을 지어 주었는데 그들은 다 짝이 있었지만 아담은 짝이 없었던 것입니다. 하나님이 말씀하셨습니다.

"아담을 돕는 배필을 만들어야겠다."

그를 깊이 잠재우고 갈빗대 하나를 취해 여자를 만드셨습니다.

그리고 그를 아담에게로 이끌며 말씀하셨습니다.

"남자가 부모를 떠나 그의 아내와 합하여 둘이 한 몸을 이루라."

하나님은 아담을 돕게 하려고 여자를 만드셨습니다. 그들이 각각 혼자 있을 때는 완벽하지 않고 부족했습니다. 그래서 하나님은 그들이 한 팀을 이루어 서로 부족한 점을 보완하며 돕게 하셨습니다.

"그러나 주 안에는 남자 없이 여자만 있지 않고 여자 없이 남자만 있지 아니하니라."(고전 11:11)

하나님의 말씀 앞에 모든 것을 항복하라

남자와 여자의 만남, 여기엔 질서가 있습니다.

나는 예수님을 믿기 전에 "남자와 여자가 평등하다. 남자가 할 수 있는 것은 여자도 다 할 수 있다"고 믿었습니다. 그래서 고등학교 때 내 꿈이 군대에 가서 모든 사람을 신나게 지휘하는 것이었습니다. 그 정도로 나는 남녀평등에 대한 생각이 강했습니다.

그런 내가 예수님을 믿고 처음으로 바뀐 것이 바로 이 말씀이었습니다. 창세기 2장에서 "하나님께서 여자로 하여금 남자를 돕는 배필로 만드셨다"는 말씀을 읽고 충격을 받았던 것입니다.

그때 내게 큰 깨달음이 왔습니다.

"아, 하나님은 남편과 아내에게 분명한 질서를 주셨구나. 그분의 자녀로는 둘 다 존귀하고 동등하지만 가정에서 질서 상으로는 남자를 위에 두셨고 여자는 그를 돕는 위치에 두셨구나."

그때 여자의 머리는 남자이고 남자의 머리는 그리스도라는 것을 깨닫고 정립하게 되었습니다. 나는 내 생각을 내려놓고 하나님의 말씀대로 조정했습니다. 어떤 이는 받아들일 수 없다며 대듭니다.

"아, 자존심 상해, 하나님은 왜 그렇게 정하신 거야?"

하나님께서 그렇게 정하셨으면 우리는 순종해야 합니다.

하나님의 말씀이 임하면 지금까지 옳다고 생각했던 모든 것을 내려놓고 항복해야 합니다. 그래야 더 크게 성장합니다. 이것은 육신의 힘으로는 안 됩니다. 오직 성령의 힘으로만 가능합니다. 그래서 나는 매일 아침에 눈을 뜨면 성령님께 도움을 구합니다.

"성령님, 오늘도 항복하게 해주세요."

남편을 정죄하지 말고 이해하고 도와주라

당신은 남편을 정죄하지 않습니까?

부부는 서로 정죄하지 말고 이해하고 도와줘야 합니다.

나는 믿음의 사람과의 결혼 생활이 천국인 줄 알았습니다. 정말 5개월 정도는 그랬습니다. 하지만 내가 아기를 가지면서부터는 말할 수 없을 정도로 남편과 심하게 부딪히게 되었습니다. 왜 그랬을까요? 내가 아기를 가져 몸이 힘든데 남편이 나를 제대로 도와주지 못했던 것입니다. 남편은 아들만 셋 있는 집안에서 자라서 무뚝뚝했고 시어머니도 남자 성격처럼 컬컬하고 호탕한 편이었습니다.

여자는 아기를 가지면 몸이 무거워 가라앉기 때문에 잠도 많이 자주고 잘 쉬어야 하는데 남편은 그걸 못 봐 주었습니다. 내가 조금이라도 힘들어하면 남편은 쏘아붙였습니다.

"여호와를 앙망하는 자는 새 힘을 얻어 독수리가 날개 치며 올라 감같이 치솟는 삶을 사는데, 왜 그렇게 낮잠을 자는 거예요?"

그 당시 나는 신학교를 다니며 교회에서도 교육 전도사로 섬기고 있었고, 가정 살림을 꾸리며 한꺼번에 많은 일을 감당하고 있는 중이었습니다. 남편은 내가 피곤해서 낮잠 자는 것을 이해하지 못했습니다. 처음에는 그런 말을 들을 때 많이 서러워 울기도 했습니다. 내가 거기에 대해 이야기해도 남편은 이해하지 못했습니다. 남편은 성령님께 지혜를 구했습니다. 그리고 어떻게 아내를 챙겨야 할지 알기 위해 책을 사서 읽으며 깨달음을 얻고 조금씩 바뀌었습니다.

남편은 〈아내를 이해하는 법〉〈아내를 돕는 법〉등의 책을 읽으며 나를 배려하고 도와주려고 노력했습니다. 그러나 여러 면에서 계속 부딪혔습니다. 각자 다른 인생을 20년 넘게 살다가 만났기 때문에 서로를 알고 이해하는데 많은 시간이 필요했습니다.

부부가 서로 사랑해서 결혼해도 처음 3년 정도는 종종 싸우기 마련입니다. 큰 언니가 우리 가정을 보면서 거룩한 신학생들 가정이니까 절대로 싸우지 않을 거라고 생각했다고 했습니다.

"너희 가정은 절대로 싸우지 않지? 거룩함 그 자체지?"

"언니는, 왜 안 싸우겠어. 많이 싸워."

부딪힘과 말다툼을 긍정적으로 받아들여야 합니다.

그런 과정을 통해 서로의 생각이 조정되기 때문입니다.

하루는 남편과 다툰 후에 잠자리에 들려는데 주님께서 "분을 내어도 죄를 짓지 말며 해가 지도록 분을 품지 말라"(엡 4:26)는 말씀을 떠올려 주셨습니다. 말할 수 없이 화가 치밀어 올라 감정을 어떻게 할 수 없을 지경이었는데 주님께서 그렇게 말씀하신 것입니다. 무척 난감했습니다. 그러나 말씀이 주어지면 순종해야 하기에 남편에게 다가가서 미소를 지으며 그의 옆구리를 찔렀습니다.

남편은 피곤하다며 침대에 누웠지만 나는 그를 깨워 일으켰습니다. 그리고 대화를 통해 풀고 잠자리에 들곤 했습니다. 지금까지 남편과 부딪혔을 때 잠자기 전에 분을 풀지 않은 적이 없었습니다.

부딪힘을 통해 서로의 생각과 원하는 것을 정확히 알게 됩니다.

그리고 분을 풀었기 때문에 서로 화해하게 됩니다. 하지만 그 분을 계속 품고 끝까지 싸워 이기려고만 하면 곤란해집니다.

"저 사람은 나에 대해 반대하고 있어. 나와 생각이 달라" 하며 그 문제를 가지고 며칠 또는 몇 달 동안 서로 대화하지 않고 지낸다면 그 결과는 엄청난 비극이 될 수도 있습니다. 부부끼리 사소한 오해가 쌓여서 이혼까지 가는 경우도 발생하게 됩니다.

신혼 생활을 하면서 다투지 않는 부부는 많지 않습니다.

다투되 그것을 저녁까지 품고 다음날까지 가져가면 안 됩니다.

그날 저녁에 어떻게든 풀어야 합니다. 그래야 마귀가 틈타지 못합니다. "분을 내어도 죄를 짓지 말며 해가 지도록 분을 품지 말고 마귀로 틈을 타지 못하게 하라."(엡 4:26~27) 순간 감정이 폭발해 화를 낼 수 있습니다. 하지만 그 다음에 지혜롭게 대처해야 합니다.

어떻게든 다시 대화하며 화해해야 합니다.

하나님은 부부가 의사소통을 통해 서로 의견을 조절하므로 조화를 이루며 협력하게 하셨습니다. 그러려면 무엇보다 부부는 서로를 존중해야 합니다. 순간마다 성령님께 지혜를 구하십시오.

"성령님, 지혜를 주세요."

하나님이 솔로몬에게 주신 지혜는 '듣는 마음'이다

지혜는 무엇일까요? 듣는 마음입니다.

당신은 듣는 것보다 말하기를 더 좋아하지 않습니까?

사람들은 가만히 앉아 '듣는 사람'보다 입을 열고 말을 쏟아 내는 '달변가'가 더 지혜로운 줄 알지만 성경은 다르게 말씀합니다.

솔로몬이 받은 지혜는 '듣는 마음'이었습니다.

"솔로몬이 여호와를 사랑하고 그의 아버지 다윗의 법도를 행하였으나 산당에서 제사하며 분향하더라. 이에 왕이 제사하러 기브온으로 가니 거기는 산당이 큼이라. 솔로몬이 그 제단에 일천 번제를 드렸더니 기브온에서 밤에 여호와께서 솔로몬의 꿈에 나타나시니라. 하나님이 이르시되 내가 네게 무엇을 줄꼬 너는 구하라. 솔로몬이 이르되 주의 종 내 아버지 다윗이 성실과 공의와 정직한 마음으로 주와 함께 주 앞에서 행하므로 주께서 그에게 큰 은혜를 베푸셨고 주께서 또 그를 위하여 이 큰 은혜를 항상 주사 오늘과 같이 그의 자리에 앉을 아들을 그에게 주셨나이다. 나의 하나님 여호와여, 주께서 종으로 종의 아버지 다윗을 대신하여 왕이 되게 하셨사오나 종은 작은 아이라 출입할 줄을 알지 못하고 주께서 택하신 백성 가운데 있나이다. 그들은 큰 백성이라 수효가 많아서 셀 수도 없고 기록할 수도 없사오니 누가 주의 이 많은 백성을 재판할 수 있사오리이까? '듣는 마음'을 종에게 주사 주의 백성을 재판하여 선악을 분별하게 하옵소서. 솔로몬이 이것을 구하매 그 말씀이 주의 마음에 든지라. 이에 하나님이 그에게 이르시되 네가 이것을 구하도다. 자기를 위하여 장수하기를 구하지 아니하며 부도 구하지 아니하며 자기 원수의 생명을 멸하기도 구하지 아니하고 오직 송사를 듣고 분별하는 지혜를 구하였으니 내가 네 말대로 하여 네게 '지혜롭고 총명한 마음'을 주노니 네 앞에도 너와 같은 자가 없었거니와 네 뒤에도 너와 같은 자가 일어남이 없으리라. 내가 또 네가 구하지 아니한 부귀와 영광도 네게 주노니 네 평생에 왕들 중에 너와 같은 자가 없을 것이라."(왕상 3:3~13)

듣는 마음이 곧 지혜롭고 총명한 마음입니다.

나도 결혼하기 전이나 지금이나 동일하게 교회에서 교역자로 하나님의 말씀을 전파하는 사역자입니다. 매주 청년부 성경 공부도 이끌고 주일학교 아이들 앞에서 설교했습니다. 그러던 중 남편과 결혼하고 대화하면서 하나님의 말씀과 예수님의 속량의 은혜를 풍성히 깨닫게 되었습니다.

그러다 우리는 30대 초반에 교회를 개척하게 되었는데 신학교를 졸업하기 전이었습니다. 사역 초기에 사람들이 찾아와 남편인 김열방 목사님과 상담하는 중에 성령님께서 내 마음에 똑똑히 알아듣도록 세미한 음성으로 강하게 말씀하셨습니다.

'너는 잠잠해라. 남편이 말할 때 너는 가만있어라.'

그 말씀을 듣는 순간 주님께 따지듯 말씀드렸습니다.

"주님, 저도 남편 못지않게 나름대로 확신을 갖고 있어요. 저는 지금 신학교에서 신학생들을 모아 놓고 성경 공부를 가르칠 정도로 복음과 성경에 대해 많은 것을 알고 있단 말이에요. 남편이 상담을 잘하긴 하지만 그래도 제가 볼 때 가끔은 답답하게 느껴질 때가 있어요. 제가 좀 거들면 더 좋을 텐데, 그러면 안 될까요?"

성령님께서 그러지 말라고 정확하게 말씀하셨습니다.

"여호와 앞에 잠잠하고 참고 기다리라."(시 37:7)

그렇게 잠잠하고 참고 기다리라는 말씀을 듣는 순간 내 마음은 답답했습니다. 말을 하고 싶은데 성령님께서 내 입에 재갈을 물리신 것입니다. 하지만 나중에 알고 보니 그것이 하나님께서 내게 주신 지혜였습니다. '남편이 없을 때는 사람들과 대화하거나 상담할 때 네 소신껏 할 수 있지만 남편과 함께 사람들을 만날 때는 대화의 주도권을 남편에게 주라. 그리고 너는 오직 듣기만 해라. 듣고 분별하는 것이 지혜다'라고 성령님께서 말씀하신 것입니다.

성령님께서 말씀하시면 순종해야 합니다. 성령님의 지혜는 인간의 지혜보다 억만 배나 낫습니다. 그 후로 나는 어떤 일이 있어도 나서지 않고 잠잠하고 참고 기다렸습니다. 김열방 목사님이 내게 "사모님도 한 마디 하세요"라고 하면 그제야 말을 꺼내곤 했습니다.

나는 성령님과 친밀한 관계를 갖고 있지만 그분의 음성에는 늘 두려워하는 마음으로 순종합니다. 나는 이것을 가장 큰 지혜로 여깁니다. 내가 그렇게 가만히 있으니까 어떤 사람은 내가 꿀 먹은 벙어리인 양 말을 못하는 줄 알고 무시하기도 했습니다. 그래도 괜찮습니다. 하나님이 나를 지혜롭다고 인정하시면 됩니다.

당신도 지혜로운 자로 여겨지려면 많은 경우 입술을 닫고 잠잠해야 합니다. "미련한 자라도 잠잠하면 지혜로운 자로 여겨지고 그의 입술을 닫으면 슬기로운 자로 여겨지느니라."(잠 17:28)

지금 생각하면 모두 감사할 뿐입니다.

듣는 마음이 성령님의 지혜입니다.

믿음의 선한 싸움 곧 복음을 위해 싸우라

당신은 믿음의 선한 싸움을 한 적이 있습니까?

복음을 지키기 위해 싸우는 것이 믿음의 선한 싸움입니다.

나는 20세에 예수님을 믿고 감사하게도 복음적인 신앙생활을 배웠기 때문에 율법주의가 뭔지 몰랐습니다. 남편을 만나면서 율법주의를 접하게 되었습니다. 남편을 통해 영성 훈련이니, 시간 채우기 기도니 하는 것을 알게 된 것입니다. 그로 인해 남편과 굉장히 심한 갈등이 있었습니다. '저것이 율법주의구나. 완전히 잘못되었구나.'

율법주의와는 싸워야 합니다. 복음을 깨닫고 누리는 사람은 성령님께서 보여주시므로 율법주의가 무엇인지 분명히 알게 됩니다.

나는 사람들과의 만남, 공동체의 모임에서는 한 마디도 하지 않고 가만히 있었지만 집에 가면 율법주의 행동을 하는 남편과 다투었습니다. 나는 남편을 향해 하나씩 따지며 말했습니다.

"당신은 그렇게 가르치면 안 돼요."

"그런 것은 하나님이 기뻐하시는 말과 행동이 아니에요."

"율법주의 잘못된 가르침은 사람들을 힘들게 굴레 씌우는 것에요. 제발 하지 마세요. 멈추세요."

그러자 남편이 화를 내며 말했습니다.

"모든 사람이 아군인데 당신만 적군인 것 같다. 왜 내가 하는 말과 행동에 대해 그렇게 마음에 안 들어 하지? 모든 사람이 다 나를 좋다고 찬성하는데 왜 아내인 당신만 나를 반대해?"

나는 그렇게 할 수 밖에 없었습니다. 그래야 남편이 올바른 길을 갈 수 있기 때문입니다. 아내는 남편이 군중들의 인기가 아닌 하나님께 인정받는 사람이 되도록 옆에서 코치하며 도와야 합니다.

물론 믿음의 선한 싸움 곧 복음에 관한 문제 말고는 남편을 존중하고 따라야 합니다. 많은 아내들이 실수하는 것은, 하나님께서 정하신 가정이라는 울타리에서 남편이 아내의 머리라는 것을 인정하지 않고 밖에 나가 다른 사람들 앞에서 남편을 무시하거나 짓누르는 말과 행동을 함으로 남편을 비하시킨다는 것입니다.

그리고 남편의 잘못을 다른 사람이 있는데서 마구 지적한다는 것입니다. 그렇다면 결국 그 욕이 누구에게 돌아오겠습니까?

남편이 아닌 자기 자신에게 다 돌아오게 됩니다.

아내만 아니라 남편도 마찬가지입니다. 아내와 함께 상담하러 오는 많은 남편들을 보면, 그들이 평소에 자기 아내를 무시하고 천덕꾸러기 취급하는 것이었습니다. 그렇게 자기 아내를 천대하면 자기가 높아집니까? 자기가 대단하고 멋있어집니까? 아내를 하찮게 여기면 자기가 사람들에게 존중받습니까? 전혀 그렇지 않습니다.

오히려 그렇게 하는 것은 자기 얼굴에 침 뱉기와 같습니다.

분명히 기억해야 할 것이 있습니다. 싸움을 하든, 질타를 하든,

충고를 하든, 욕을 하든, 그 모든 것은 자기 집 방안에 들어가서 하는 것이 좋다는 것입니다. 아이들 앞에서도 하지 말아야 합니다.

"어찌하여 네 샘물을 집 밖으로 넘치게 하며 네 도랑물을 거리로 흘러가게 하겠느냐? 그 물이 네게만 있게 하고 타인과 더불어 그것을 나누지 말라."(잠 5:16~17)

우리 부부는 서로 할 말이 있으면 방문을 닫아 놓고 둘이서만 대화하며 풀어 나갑니다. 밖에서 그걸 떠벌리면 자기 집 울타리를 허물고 남들이 아무렇게나 침범해 들어올 수 있도록 대문을 열어 놓는 것과 같습니다. 행복한 부부 생활을 하기 위해서는 하나님께서 정해 주신 가정이라는 영역을 지키며, 다른 사람 앞에서는 서로를 존중해야 합니다. 자녀 앞에서도 당연히 그렇게 해야 합니다.

부부는 성격도 다르고 생각도 다릅니다. 꿈도 재능도 은사도 모든 것이 다릅니다. 성격이 똑같은 사람이 부부로 만나는 경우는 거의 없습니다. 겉으로 보기에는 비슷해 보이는데 속으로 들어가 보면 성격도 은사도 정반대인 경우가 많습니다. 음식이나 좋아하는 취미 생활도 다를 수 있습니다. 그러므로 서로를 존중해야 합니다.

내 것만 강하게 주장하다 보면 상대방을 무시하게 됩니다. 그러면 서로 등지게 되고 따로 놀게 됩니다. 그런 부부는 절뚝거리는 모습으로 걷는 사람과 같고 결코 행복한 결혼 생활을 할 수 없습니다.

이렇게 말씀드리며 성령님께 도움을 구하십시오.

"성령님, 남편을 존중하게 해주세요."

부부가 서로를 아끼고 존중하는 비결

어떻게 하면 부부가 서로를 존중할 수 있을까요?

첫째, 부부가 서로가 다르다는 것을 인정해야 합니다.

"남편과 나는 재능도 취미도 은사도 다르다. 하지만 이처럼 다른 것이 또 하나로 연합하여 조화를 이룬다. 나는 다름을 존중한다."

남편과 나는 은사가 다릅니다. 하나님께서 내게 특별히 영분별의 은사를 주셨습니다. 은사는 성령의 나타남이며, 그분이 필요에 따라 행하시는 것입니다. 성령님은 내가 사람들의 얼굴 표정을 보고 그들의 말을 몇 마디만 들어도 영적인 상태를 분별하게 하십니다.

처음에는 '왜 이런 게 보이지? 내가 혹시 사람들을 임의로 판단하는 건 아닌가?'라며 고민을 많이 했습니다. 알고 보니 성령님께서 내게 영분별의 은사를 강하게 나타내신 결과였습니다.

어떤 사람이 옳지 못한 중심으로 남편에게 다가올 때, 성령님께서 나로 하여금 그것을 분별하게 하시고 남편에게 "조심하라"고 말하며 경계하게 하셨습니다. 사람들과 관계를 맺는 것도 사적으로 너무 친해지지 말고 적당한 거리를 두라고 코치합니다. 지금은 이러한 영분별의 은사가 남편에게도 동일하게 나타나고 있습니다.

그리고 김열방 목사님이 받은 '믿음의 은사'가 내게도 전이되어 동일하게 나타나고 있습니다. 그 결과 나도 남편처럼 하나님의 초자연적인 공급하심을 믿으므로 재정에 대한 염려와 근심, 두려움이 없이 하나님의 창조적인 부를 마음껏 받아 누리게 되었습니다.

이처럼 다른 은사와 재능을 서로 존중하고 믿어 줄 때 그것이 전이되고 또 조화를 이루어 더 근사하고 견고하고 풍성한 열매를 맺게 하십니다. 그러므로 서로 믿고 각자의 영역을 인정해야 합니다. 부부가 서로 존중하고 서로 도와야 합니다. 가정생활도 그렇습니다.

"집안일은 여자만 해야 돼. 남자가 할 필요가 없어."

"바깥일은 남자만 해야 돼. 여자가 할 필요가 없어."

그렇지 않습니다. 서로 도와야 합니다. 바깥일이든 집안일이든 필요에 따라 서로 협력해야 합니다. 서로 짐을 져야 합니다. "너희가 짐을 서로 지라. 그리하여 그리스도의 법을 성취하라."(갈 6:2)

어려울 때 가장 크게 위로하고 위로받을 수 있는 사람이 누구겠습니까? 부부입니다. 부모님과 친척, 친구들이 진정한 위로가 될 수 없습니다. 오직 한 몸인 부부만이 서로를 위할 수 있습니다.

"남편들아, 아내를 사랑하며 괴롭게 하지 말라."(골 3:19)

의견 충돌이 생기면 당신이 먼저 양보하라

부부가 서로를 위하려면 어떻게 해야 할까요?

그리스도 안에서는 '지는 것이 이기는 것'입니다. 내가 먼저 양보해야 합니다. 때로 서로 의견 충돌이 생기기도 합니다. 그때 내 주장과 고집만 내세운다면 결코 화목할 수 없습니다. 자기 생각과 좀 달라도 상대방의 입장에서 생각하며 이해하려고 노력해야 합니다.

'내가 양보하는 것이 더 좋겠구나. 그래도 괜찮아.'

손해 보는 것 같지만 전체를 볼 때 내가 양보하는 것이 더 유익합니다. 작은 것을 내줘야 큰 것을 얻을 수 있기 때문입니다.

진리 문제만 아니라면 싸우지 말고 먼저 양보해야 합니다.

많은 경우에 나는 남편에게 끊임없이 요청합니다. 다른 어떤 사람보다 많은 요청을 하는 사람이 내가 아닐까 할 정도입니다.

그런 과정을 통해 남편은 정말 많이 바뀌었습니다.

요즘은 남편에게 잔소리할 일이 거의 없어 심심합니다.

하루는 남편에게 웃으며 이렇게 말했습니다.

"내가 가진 힘은 당신을 코치하는 거예요."

"맞아요. 당신이 코치했기 때문에 내가 많이 바뀌었어요."

때로는 아주 사소한 부분까지 남편에게 요청할 때가 있습니다.

"내게 이렇게 대해 주세요."

"내게 부드러운 말로 표현해 주세요."

"내게 이렇게 존중하는 행동을 해 주세요."

나는 지극히 작은 부분에서 큰 부분까지 요청합니다.

남편도 내게 원하는 것들을 구체적으로 요청합니다.

요청하는 것이 힘들기도 합니다. 한 가지를 요청할 때 1분이나 한 시간 걸리는 것도 있지만 어떤 것은 한 달 내지 1년이 걸리기도 합니다. 나는 분명히 어떤 것을 바꿔야 되겠다, 인식시켜야 되겠다 싶은 것이 있으면 포기하지 않고 끝까지 요청합니다.

천국은 침노하는 자의 것이라고 했습니다. 한두 번 요청하고 안 된다고 포기하지 말고 끝까지 요청해야 합니다.

"세례 요한의 때부터 지금까지 천국은 침노를 당하나니 침노하는

자는 빼앗느니라."(마 11:12)

하루는 너무 힘들어 포기하려고 주님께 말씀드렸습니다.

"주님, 이젠 지쳤어요. 포기할래요. 제가 언제까지 이 부분에 대해 남편에게 계속 요청해야 하나요? 싫어요. 그만 할래요."

그러자 성령님께서 내 마음에 말씀하셨습니다.

'천국은 침노하는 자의 것이다. 침노하는 자가 빼앗는다. 네 남편의 마음을 끝까지 침노해라.'

그 말씀을 들은 후에 나는 결심했습니다.

"알겠습니다. 절대로 침노하는 것을 포기하지 않겠습니다."

나는 계속 요청했고 남편은 변화되기 시작했습니다.

그렇다고 내 욕심을 따라 요청하는 것이 아니라 성령님께서 보여 주시고 바꾸라고 말씀하시는 부분에 대해서만 요청합니다.

성령님께서 요청하게 하실 때 요청해야 합니다. 잘못된 습관이나 사고방식이 굳어져 본인이 인식하지 못하고 같은 실수를 반복한다면 가장 가까운 사람인 부부가 서로를 코치해 주어야 합니다.

물론 말이나 행동, 스토리와 스타일 등 많은 부분은 남편의 취향이 있기 때문에 인정해야 합니다. 그것까지 다 바꾸어 내가 원하는 인형 같은 모습으로 만들려고 하면 안 됩니다. 많은 경우 있는 그대로를 인정하고 존중해 주어야 합니다. 그것이 지혜입니다.

신앙적인 부분과 정신적인 부분, 가정과 공동체 전체에 영향을 미치는 부분에 있어서는 성령님께서 말씀하시고 지적하시고 분명히 깨닫게 하시면 서로 요청해서 조정해야 합니다. 자기 고집을 갖고 밀고 나가면 전체가 어려움을 겪기 때문입니다.

나는 아내가 남편을 포기하거나 남편이 아내를 무시하는 모습을 많이 보았습니다. 그것은 결코 행복한 삶으로 이어질 수 없습니다.

하나님은 완전히 다른 두 사람이 만나 하나가 되게 하셨습니다.

그렇게 하나가 된다는 것은 자기에게 맡겨진 영역을 지키면서 서로 양보하고 존중하고 요청할 때 가능한 것입니다. 지금보다 더 행복한 결혼 생활에 대한 꿈을 가지십시오.

그리고 매일 아침 성령님께 도움을 구하십시오.

"성령님, 오늘도 행복한 가정이 되게 해주세요."

성령님을 가정의 주인으로 모시고 살라

당신은 가정에서 성령님을 존중히 모십니까?

나는 아침에 일어날 때, 저녁에 잠자리에 들 때 이렇게 말합니다.

"오, 주님. 감사드립니다. 주님, 사랑해요. 저는 행복해요."

성령님 때문에 내 인생이 바뀌었고 집안이 행복해졌습니다.

성경에는 "주 예수를 믿으라. 그리하면 너와 네 집이 구원을 얻으리라"(행 16:31)고 했습니다. 그렇습니다. 현실적으로 볼 때 남편이 교회에 나가지 않지만 당신이 예수를 믿고 있다면 당신의 가정에 구원이 임했다고 믿어야 합니다. 당신의 남편이 구원받고 교회에 나가는 그 때와 시간은 하나님께 달려 있습니다. 그러므로 이미 구원받고 하나님의 자녀가 된 것처럼 남편을 존중해야 합니다.

어떤 남편이든 자기 아내에게 존중받고 싶어 합니다.

그런데 아직 남편이 예수를 안 믿는다고 해서 "저 마귀 새끼" 하면서 경멸하면 그가 구원받을 길이 막히게 됩니다.

비록 믿지 않는 남편과 결혼했고 한동안 불행한 시간을 보냈다 할지라도 오늘부터는 믿음의 눈으로 남편을 바라보십시오.

믿음은 바라는 것들의 실상이요 보지 못하는 것들의 증거입니다.

무엇이든지 한 번 기도하고 구했으면 받았다고 믿어야 합니다.

당신의 남편을 하나님 나라의 장군으로, 하나님의 자녀로 존중하십시오. 그러면 남편이 당신의 존중하는 행동을 통해 예수님을 믿고 교회에 나가게 됩니다. 이것이 받은 줄로 믿는 믿음입니다.

예수님을 믿는데 아직 믿음이 연약하다고요? 그런 남편도 존중해야 합니다. 사람의 기준으로 볼 때는 남편의 믿음이 연약한 것처럼 보일지라도 하나님의 기준에서 볼 때는 그렇지 않을 수도 있습니다. 겉으로 드러나는 것만 보고 남편을 판단해서는 안 됩니다.

남편의 율법주의 행위가 아닌 중심을 살펴야 합니다.

겉으로 열정적이고 활기차 보이지 않는다고 남편의 믿음을 함부로 판단해서는 안 됩니다. 겉으로 볼 때 뜨거우면 그 사람이 믿음이 좋을 거라고 여기는 경우가 많은데, 진짜 믿음은 욥처럼 큰 시련을 당했을 때 어떻게 지혜롭게 잘 헤쳐 나가고 끝까지 흔들림 없이 하나님을 의지하며 경외하는가에 달려 있습니다.

"내 남편은 믿음이 없는 것 같아."

그것은 사람의 기준 곧 율법주의 기준일 수 있습니다.

하나님의 꿈을 갖고 하나님 앞에서 무던히 생활하는 남편이 많습니다. 그러므로 집에 있는 믿음이 연약해 보이는 남편일지라도 하나님께서 그를 가정의 지도자로 세우셨다는 것을 인정하고 존중해야 합니다. 그러면 남편이 더욱 활기차고 힘 있게 하나님을 섬기며 복음을 위해 헌신하게 됩니다. 남편을 존중하십시오.

"성령님, 오늘도 남편을 존중하게 해주세요."

당신은 남편과 자녀의 코치다. 매일 코치하라

당신은 남편을 코치하고 있습니까?

나는 부드러운 마음으로 조심스레 남편을 코치합니다.

부부가 서로 대화할 때 가끔은 감정이 격해져서 큰소리로 말하기도 합니다. 나도 그럴 때가 있지만 대부분 조심스레 말합니다.

'내가 괜히 이 말을 해서 남편이 화를 내면 어떻게 하지?'

'남편이 기분 나쁘다며 소리를 지르면 어떻게 하지?'

남편이 한 번도 내게 그렇게 소리를 지르거나 심하게 화를 낸 적은 없습니다. 그러나 항상 마음 밑바닥에는 두렵고 조심스러움이 있습니다. 나는 성령님께 순간마다 도움을 구합니다.

"성령님, 온유한 마음으로 대화하게 해주세요."

하나님은 아내를 남편을 돕는 배필로 세우셨고 남편이 보지 못하는 부분과 다듬어져야 할 부분을 보여 주시기 때문에 아내는 남편을 지혜롭게 조언하며 잘 코치해 주어야 합니다. 남편이 반복해서 잘못된 길을 가는데도 내버려 둔다면 그것은 진정으로 그를 사랑하는 것이라 할 수 없습니다. 물론 자신의 이익이나 욕구를 채우기 위해 남편을 코치해서는 안 될 것입니다. 그것은 성경에서 말씀하는 '온유와 안정한 심령'으로 하는 것이 아닙니다.

온유하다는 것인 머리를 조아리고 굽실거리며 쩔쩔 매는 모습으로 "제가 어떻게 그 일을 하죠? 못해요" 하는 것이 아닙니다.

온유하다는 것은 마음이 부드러우면서도 강인한 것을 말합니다.

모세의 온유함이 온 지면에 승하였다고 했습니다. 그런데 모세는 때로 백성들에게 소리를 지르기도 하고 화를 내기도 했습니다.

그런 모습을 놓고 성경에서는 온유하다고 했습니다.

온유하다는 것이 목소리가 작고 부드럽다는 의미가 아닙니다.

의사를 표현할 때 온유하게 말해야 합니다.

무작정 목에 힘을 주고 큰 소리를 낸다고 상대방에게 먹혀 들어가는 것이 아니기 때문입니다. 온유하다는 말은 그런 외적인 표현을 말하는 것이 아니라 성령님께서 보여주시고 깨닫게 해주시는 것에 대해 단호히 말하고 행동하는 것을 의미합니다.

때로는 집안에서 큰 소리가 나더라도 올바른 길을 가도록 돕는 것이 필요합니다. 온유한 심령으로 남편을 코치하십시오.

남편은 아내에게 마음을 넓혀야 합니다. 아내가 자기보다 더 연약한 그릇인 줄 알고 모든 면에 아내를 이해하고 용납해야 합니다.

"남편들아, 이와 같이 지식을 따라 너희 아내와 동거하고 그를 더 연약한 그릇이요 또 생명의 은혜를 함께 이어받을 자로 알아 귀히 여기라. 이는 너희 기도가 막히지 아니하게 하려 함이라."(벧전 3:7)

아내를 너그럽게 대하며, 예수님처럼 목숨을 내어 주기까지 아내를 사랑하십시오. 아내가 해 달라는 것은 죄짓는 것만 아니면 거절하지 말고 해주십시오. 그래도 괜찮습니다.

"남편들아, 아내 사랑하기를 그리스도께서 교회를 사랑하시고 그 교회를 위하여 자신을 주심 같이 하라."(엡 5:25)

남편은 아내가 짜증내고 힘들어 하면 아내를 위로하거나 감정을 잘 다스릴 수 있도록 도와줄 수 있습니다. 하지만 남편이 자기 혈기와 감정을 조절하지 못하면 누가 그것을 다스릴 수 있겠습니까? 주님만이 그것을 다스릴 수 있을 것입니다.

"성령님, 이런 일이 생겼습니다. 어떻게 하면 좋을까요? 저에게 이 문제를 해결할 수 있는 지혜를 주세요. 성령님, 도와주세요."

아내와 남편은 둘 다 오직 믿음의 주요 온전케 하시는 이인 그리스도를 바라보아야 합니다. 그럴 때 집안에 분쟁이 없고 성령 안에서 의와 평강과 희락이 넘치게 됩니다. 이것이 지혜이며, 하나님의 나라 곧 천국입니다. 당신의 가정이 천국같이 행복하길 바랍니다.

"천국같이 살다가 천국으로 갑시다."

성령님, 큰 꿈을 가지고 살게 해주세요

100세 시대다. 큰 꿈을 가지라

당신은 어떤 꿈을 갖고 있나요?

나는 많은 꿈과 소원이 있습니다. 그래서 생기가 넘칩니다.

공직에 있다가 퇴직하고 이제는 여유롭게 친구도 만나고 취미 생활도 즐기고 책도 읽으면서 남은 생을 보내리라 생각했습니다. 어찌 보면 뚜렷한 목표 없이 여태 직장 생활하느라 고생했으니 이제부터는 좀 편하게 살면 되지 않겠나 하는 안이한 생각을 갖고 있었습니다. 그러던 중 우연히 김열방 목사님의 책을 접하면서 잠자던 내 영혼이 확 깨어나듯 변화의 물결이 일기 시작했습니다. 그동안 막연히 기대만 하던 소원들에 대해 하나님의 말씀을 붙잡고 기도하게 된 것입니다. 내 인생에 성령의 바람이 불게 되었습니다.

이제는 100세를 사는 시대입니다. 다시 꿈을 가져야 합니다.

나는 몸과 마음이 건강한 가운데 남은 세월을 꿈으로 가득 채우기로 했습니다. 꿈 노트에 200개가 넘는 구체적인 꿈을 적고 하나님께서 하나씩 응답해 주시는 재미를 만끽하는 중에 있습니다.

꿈을 꾸지 않는 사람은 겉은 젊어 보여도 마음은 늙은이와 같습니다. 현실에 안주하지 말고 생각을 바꿔 꿈을 크게 가져야 합니다.

얼마 전에 딸과 문자를 주고받으며 "엄마는 친구들하고 다른 삶을 살 거야. 아무 생각 없이 늙어 가는 인생, 다람쥐 쳇바퀴 돌 듯 반복되는 지루한 생활을 벗어나 100세까지 건강하게 살며 꿈을 안고 내가 하고 싶은 거 당당하게 하며 살 거야"라고 했습니다.

그러자 딸에게서 "엄마, 멋있어요. 건강하게 운동 많이 하고, 꿈대로 다 이루며 증손자까지 봐요"라고 답장이 왔습니다.

나는 이러한 꿈과 소원에 대해 이미 받았다고 믿습니다.

예수님은 '믿음의 기도'에 대해 가르치셨습니다.

"내가 너희에게 말하노니 무엇이든지 기도하고 구하는 것은 받은 줄로 믿으라. 그리하면 너희에게 그대로 되리라."(막 11:24)

"받을 줄로 믿어"가 아니라 "받은 줄로 믿어"라고 말씀하셨기에 나는 무엇이든지 기도하고 구하는 것은 이미 받았다고 믿습니다.

나는 조금도 의심하지 않고 완전히 믿습니다.

그렇게 기도하고 구했더니 정말 하나님께서 다 주셨습니다.

나는 오직 믿음의 기도를 합니다.

"매월 선교사님 두 분께 선교 헌금 100만 원을 했다."

"영어 회화를 익혀 해외여행을 다녀왔다."

"정원이 예쁜 마당 있는 집에 산다."

"친구 두 명을 전도해서 함께 교회 다닌다."

"과테말라 선교지에 선교센터를 세웠다."

"나는 책 10권을 쓴 행복한 작가다."

"나는 몸과 마음이 건강하다. 평생 50세의 신체 나이를 가졌다."

당신도 성령 안에서 다시 꿈과 소원을 가지기 바랍니다.

하나님은 꿈꾸는 자를 통해 일하시며, 초자연적인 능력으로 그 꿈을 다 이루어 주십니다. 꿈꾸는 것은 우리의 과제이며, 그 꿈을 이루어 주시는 것은 하나님의 과제입니다. 꿈이 있기 때문에 기도하며 성령님을 의지하게 되는 것입니다. 꿈이 없는 사람은 이미 죽은 사람과 같고 그의 인생에 '종결'이라는 묘비가 세워져 있습니다.

오늘부터 다시 큰 꿈을 가지고 성령님과 동업하기 바랍니다.

"하나님이 말씀하시기를 말세에 내가 내 영을 모든 육체에 부어 주리니 너희의 자녀들은 예언할 것이요 너희의 젊은이들은 환상을 보고 너희의 늙은이들은 꿈을 꾸리라."(행 2:17)

나의 행복한 결혼 생활 이야기

나는 처녀 때부터 교회에 다니기 시작했습니다.

목사님으로부터 "미래의 배우자를 위해 기도하라"는 말씀을 듣고 나는 "신실하고 성실하고 외모도 멋진 남편감을 주세요"라고 하나님께 열심히 기도해서 지금의 남편을 만났습니다.

처음 만났을 때 남편은 교회에 다니지 않았지만, 나는 결혼 조건으로 세 가지를 요구했습니다.

첫째, 교회에 나갈 것
둘째, 술 담배 안 할 것
셋째, 내가 직장을 다니니까 설거지는 해주기

이 중에 두 가지 약속은 결혼과 동시에 바로 지켜 주었지만 한 가지 곧 설거지는 40년 공직생활을 마칠 때까지 해주지 않았습니다. 그래도 남편은 심지가 곧은 사람인지라 한 번 뱉은 말은 잘 지켜 주었고 우리는 교회에서 결혼식을 올렸습니다. 그 후로도 남편은 꾸준히 교회에 잘 나가 지금은 믿음이 좋은 안수 집사가 되었습니다.

남편은 좀 강한 성격이어서 한동안 편안하게 대화하기 어려웠습니다. 그러다 언젠가부터 내가 원하는 것이 있을 때는 남편에게 바로 얘기하며 나를 더 존중해 달라고 부탁하게 되었습니다. 말도 큰소리보다는 조용히, 부드럽게 해 달라고 요청했습니다. 그러면서 자주 대화를 나누다 보니 조금씩 부부 사이가 좋아졌습니다. 요즘은 시시콜콜한 얘기까지 다하고 서로 들어주며 소통을 잘합니다.

토요일에는 산행을 하면서 둘만의 시간을 많이 가집니다.

하루는 남편에게 이렇게 말했습니다.

"나는 성령을 체험했고 다시 많은 꿈을 가졌어요. 100세까지 건강하게 살고 몸과 마음은 항상 50세의 젊음을 유지할 거예요"

그러자 남편이 더 놀라운 말을 했습니다. "그럼 나는 만년 30세야. 항상 성령님이 임하시니 환상을 보며 살 거야."

나는 요즘 매일 성령님과 친밀한 교제를 나눕니다.

산행하면서도 "성령님, 사랑해요. 남편하고 성령님하고 셋이서 산행을 하니 너무 좋아요"라고 말씀드립니다.

아침에 침대에서 일어나자마자 인사부터 합니다.

"성령님, 안녕하세요?"

남편과 같이 집을 나설 때에도 중얼거립니다.

"성령님, 같이 가시지요?"

내가 그렇게 늘 성령님과 대화를 하니까 옆에서 듣기만 하던 남편도 이제는 먼저 성령님을 모시는 말을 꺼내기도 합니다.

"성령님, 같이 가시지요?"

얼마 전 남편에게 문자를 보냈습니다.

"대접받고자 하는 대로 남을 대접하라."

"내가 왕으로 대접받고 싶으면 먼저 아내를 왕비로 대접해야 한다. 아내도 왕비로 대접받고 싶으면 남편을 왕으로 대접해야 한다."

곧 답장이 왔습니다.

"네, 왕비 마마."

요즘은 남편이 최고의 친구입니다. 나를 많이 위해 주고 말씀을 나누면서 소통도 잘되어 많이 감사합니다.

무엇보다도 성령님과 함께여서 행복합니다.

"성령님, 감사합니다."

예수님이 내 안에 실제로 살아 계신다

예수님은 항상 내 안에 살아 계십니다.

당신은 이 사실을 믿습니까? 예수님이 말씀하셨습니다.

"너희가 내 안에 거하고 내 말이 너희 안에 거하면 무엇이든지 원하는 대로 구하라. 그리하면 이루리라."(요 15:7)

나는 이 말씀을 좋아하면서도 한편으론 이렇게 생각했습니다.

'과연 하나님께서 내 안에 거하실까?'

교회 봉사도 많이 못하고 기도도 오래 못하는 나를 하나님께서 탐탁지 않게 생각하시는 것 같아서, 하나님께 구하면서도 소극적이고 당당하지 못한 내 모습이었습니다. 하지만 지금은 아닙니다. 믿음의 파이프로 내가 예수님과 항상 연결되어 있기 때문입니다.

파이프는 스스로 무엇을 준비하는 것이 아닙니다.

파이프는 단지 붙어 있기만 하면 되고 하나님이 주신 것을 흘려보내기만 하면 됩니다. 이것이 성령 충만의 비결입니다.

예수님 안에 내가 거하고 내 안에 예수님이 충만히 계십니다. 그래서 나는 일곱 가지의 풍성한 복을 받은 새로운 피조물입니다.

예수님 안에서 나는 의인입니다.

예수님 안에서 나는 성령 충만합니다.

예수님 안에서 나는 건강합니다.

예수님 안에서 나는 부요합니다.

예수님 안에서 나는 지혜롭습니다.

예수님 안에서 나는 평화가 있습니다.

예수님 안에서 나는 생명이 있습니다.

이제는 기도가 쉽고 매사에 당당합니다.

성경은 "너희가 얻지 못한 것은 구하지 않았기 때문이라"고 했고 또 "무엇이든지 구하라"고 했기에 나는 꿈과 소원 목록을 노트에 적었고 하나님은 내가 구한 것보다 더 크게 이루어 주셨습니다.

하나님은 우리가 온갖 구하는 것이나 생각하는 것보다 더 넘치게 주시는 좋은 분이십니다.

나는 퇴직하고 매주 3권의 책을 읽고 있습니다.

나는 하나님께 구체적으로 구했습니다.

"하나님, 친구들은 눈이 시리고 건조해서 책 보기가 힘들다고 하는데 저에게는 책을 볼 수 있는 건강한 눈을 주셔서 감사합니다. 제가 100세까지 책을 놓지 않고 볼 수 있도록 건강한 눈을 주세요. 건강한 눈 주셨음. 감사합니다."

또 나는 많은 사람들에게 격려가 되고 하나님을 전하는 책을 10권 쓸 것입니다. "책 10권 썼음, 감사합니다."

그리고 "아픈 사람에게 손을 얹은즉 나으리라"는 말씀을 붙들고 기도했고 받았다고 믿습니다. "신유의 은사가 있음, 감사합니다."

예수님이 내 안에 아마존 강 같이 넘쳐흐르기 때문에 이제는 기도가 쉽고 재미있습니다. 사람들을 만날 때도 이제는 복음에 대한 이야기만 내 입에서 술술 나옵니다.

나는 서울에 있는 친구랑 진도의 한 섬을 일주일간 여행했습니다. 그는 절에 다니는데 나는 그의 영혼 구원을 위해 기도하며 신앙 서적을 선물하곤 했습니다. 섬에서 만나던 날 친구가 말했습니다.

"두님아, 고맙기는 한데 이제 책은 보내지 마. 부담스럽다."

나는 속으로 이렇게 중얼거렸습니다.

'너는 이미 하나님의 딸이야, 내가 하나님께 기도했거든.'

예수님은 제자들에게 "너희가 무엇이든지 기도하고 구하는 것은 받은 줄로 믿으라. 그리하면 그대로 되리라"고 하셨습니다. 이 말씀은 기도하고 구하는 중에 이미 받았다고 믿으라는 뜻입니다. 이것이 성경에서 말하는 믿음의 기도요 기도 응답의 비결입니다.

나는 그 친구가 이미 하나님의 자녀가 되었음을 믿습니다.

"영접하는 자 곧 그 이름을 믿는 자들에게는 하나님의 자녀가 되는 권세를 주셨으니 이는 혈통으로나 육정으로나 사람의 뜻으로 나지 아니하고 오직 하나님께로부터 난 자들이니라."(요 1:12~13)

환난을 복으로 바꾸시는 하나님

최근에 남편이 간암으로 수술을 받았습니다. 다행히 암 크기가 작아 수술이 잘되고 회복도 빨랐지만, 남편은 심신이 이전보다 많이 약해졌습니다. 남편은 혹시나 재발될까 봐 불안해했습니다.

나는 남편에게 "당신은 이미 깨끗이 나았어. 예수님께서 당신 때문에 채찍에 맞았거든?" 하고 말해 주었습니다. 토요일에 둘이 무등산을 산행했는데 중간 쉼터에서 남편의 중학교 동창을 만났습니다.

남편에 대한 소식을 알고 있었는지 "너 병원에 다녀왔다더니, 얼굴은 완전 건강한 모습이다"라고 했습니다. 그러자 남편이 "겉모습은 멀쩡한데 속의 엔진은 부실하다"고 대꾸했습니다.

나는 집에 오면서 남편에게 믿음의 말을 해주었습니다.

"예수님이 당신의 병을 다 짊어졌어요. 저가 채찍에 맞음으로 너희가 나음을 입었다고 했어요. 이제 부정적인 말은 하지 말고 건강만 말합시다. 100세까지 나와 함께 무등산 산행 재밌게 다닙시다."

병원에서 퇴원해 집에 있으니 교회에서 축하해 주는 과일 상자를 보내왔습니다. 상자 위에는 이런 메시지가 있었습니다.

"아무것도 염려하지 말고 다만 모든 일에 기도와 간구로 너희 구할 것을 감사함으로 하나님께 아뢰라. 그리하면 모든 지각에 뛰어난 하나님의 평강이 그리스도 예수 안에서 너희 마음과 생각을 지키시리라."(빌 4:6~7)

나는 남편에게 말했습니다.

"여보, 하나님께서 염려와 근심은 조금도 하지 말래요. 전능하신 하나님께 맡겼으니 그분이 다 책임져 주신답니다."

요즘 남편의 얼굴은 감사와 기쁨으로 반짝반짝 빛이 납니다.

"주께서 나의 슬픔이 변하여 내게 춤이 되게 하시며 나의 베옷을 벗기고 기쁨으로 띠 띠우셨나이다."(시 30:11)

무에서 유를 창조하신 하나님을 믿으라

당신은 믿음의 기도에 대해 아십니까?

나는 많은 행위가 아닌 오직 믿음으로 하나님께 나아간다는 사실을 알고부터 기도하는 방식이 달라졌습니다. 직장에 다닐 때는 많은 기도를 못하고 있는 내가 늘 마음에 부담이었고 '그래서 하나님의 관심을 못 받나?'라는 생각으로 가득 차 있었습니다.

'헌신이나 봉사, 기도나 정성이 부족해서 기도가 응답받지 못 하나, 내가 믿음이 없나?'라는 생각을 하곤 했습니다. 그런데 성경은 다르게 말씀하고 있었습니다. 행위가 아닌 믿음입니다.

"믿음이 없이는 하나님을 기쁘시게 하지 못하나니 하나님께 나아가는 자는 반드시 그가 계신 것과 또한 그가 자기를 찾는 자들에게 상 주시는 이심을 믿어야 할지니라."(히 11:6)

와우! 믿기만 해도 상을 주신답니다.

말씀을 새롭게 깨닫게 되었습니다. 그래서 나는 "하나님, 제게도 믿음의 상을 주세요?"라고 기도했습니다. 이제는 무엇이든지 구하고 받았다고 믿고 생활합니다. 그동안 나는 교회에서 많은 봉사를 해야 하고, 기도도 하루에 몇 시간씩 채워야만 믿음이 좋아지고 하나님께 칭찬받을 거라는 율법주의 신앙이었습니다.

일천 번제를 드리기 위해 매일 물질을 봉투에 담아 주일에 한꺼번에 헌금하기도 했는데 하다가 힘들어서 중단하기도 했습니다.

내 지극한 정성과 행위를 통해 일천 번제를 드려 기도 응답을 받고 싶었다는 것을 나중에야 알았습니다. 솔로몬의 일천 번제는 그가 왕이 되어 감사함으로 백성들을 대신해서 단번에 일천 마리의 번제를 하나님께 드린 것입니다. 솔로몬은 오실 예수 그리스도를 믿음으로 말미암아 하나님의 은혜를 받은 사람입니다.

그런 그가 온 이스라엘 백성들로 하여금 하나님의 은혜에 감사하고 이를 기념하기 위해 가난한 백성들을 대신해 자기 재산을 털어 일천 마리의 송아지와 양을 단번에 번제로 드렸던 것입니다.

참된 믿음은 무엇일까요? 우리가 노력해서 행위로 받는 것이 아니라 예수님께서 우리를 위해 십자가에서 피 흘리시고 채찍에 맞으심으로 다 이루어 놓으신 속량의 은혜를 믿음으로 받아 누리는 것입니다. 예수님이 십자가에 달려 외치셨습니다.

"다 이루었다."(요 19:30)

궁상맞게 살지 말고 최고를 선택하라

당신은 모든 일에 최고를 선택합니까?

얼마 전에 남편이 자동차 용품점에서 몇 가지 차량 소모품을 사면서 사장님께 문의했습니다. "사장님, 제 차가 자동차 광택을 한지 오래됐는데 다시 하려면 비용이 얼마 정도 드나요?"

내가 옆에서 듣고 "여보, 곧 있으면 우리 집에 BMW가 들어오는데 뭐 하러 헌차에 돈 들이려고 해요?" 했더니, 소모품을 사고 가게를 나오면서 "사장님, 새 차 생기면 다시 들를게요"라고 했습니다.

하나님은 없는 것을 있는 것처럼 부르시는 분이기 때문에 내가 믿음으로 구하면 없는 것은 만들어서라도 안겨 주십니다.

이미 우리 집 주차장에 BMW 자동차가 와 있습니다.

5년 후면 남편이 칠순이 됩니다. 남편에게 말했습니다.

"당신 칠순 잔치는 광주에서 제일 멋진 호텔에서 해 줄게요."

물론 아들, 딸, 며느리, 사위가 알아서 해주겠지만, 내가 더 채워서라도 럭셔리하게 해줄 겁니다. 여호와는 나의 목자시니 나에게 부족함이 없도록 모든 필요를 채워 주시고 넘치게 공급해 주십니다.

지금까지는 아끼며 궁상맞게 살았지만 이제 나는 하나님의 자녀로 부요를 누리며 작은 물건도 가구도 옷도 자동차도 최상의 것을 구합니다. 믿음이 생기니 나의 생각과 행동이 바뀌었습니다. 나는 기도하는 것마다 응답받고 말만 해도 생각만 해도 응답받습니다.

우리는 그리스도 안에서 모든 것을 얻을 권세를 가졌으며 그리스도를 통해서 모든 것을 누릴 능력을 가졌습니다. "자기 아들을 아끼지 아니하시고 우리 모든 사람을 위하여 내주신 이가 어찌 그 아들과 함께 모든 것을 우리에게 주시지 아니하겠느냐."(롬 8:32)

하루 종일 모든 일을 성령님과 함께하라

당신은 하루 중 얼마나 성령님과 함께하나요?

나는 거의 매시간 성령님과 함께 합니다. 운전할 때도, 마트에 갈 때도, 집안 청소할 때도, 운동할 때도 성령님께 말을 걸고 친교를 나눕니다. 처음엔 이런 내 모습에 멋쩍어 하던 남편도 이제는 아파트 승강기 앞에 서면 "성령님 함께 타시지요?"라고 먼저 말합니다.

나는 참 포도나무인 하나님께 딱 달라붙어 사는 가지입니다.

그래서 그분을 통해 모든 것을 넘치도록 공급받습니다.

예수 그리스도의 기름 부으심이 철철 넘쳐흐릅니다.

예수 그리스도의 부요하심이 철철 넘쳐흐릅니다.

"나는 포도나무요 너희는 가지라. 그가 내 안에 내가 그 안에 거하면 사람이 열매를 많이 맺나니 나를 떠나서는 너희가 아무것도 할 수 없음이라."(요 15:5)

수도 파이프를 통해 계속 물을 공급받는 것처럼 믿음으로 그리스도에게 연결만 되어 있으면 성령의 기름 부으심을 계속 공급받습니다. 결코 기도와 금식을 많이 한다고 성령 충만해지는 것이 아닙니다. 내가 어떤 대가를 치러야만 성령을 더 많이 받는 것이 아닙니다.

성령은 예수 그리스도의 은혜를 믿음으로 말미암아 주어지는 하나님의 선물입니다. 선물은 주는 자가 값을 지불하는 것입니다.

하나님이 독생자 예수 그리스도의 피와 땀과 눈물을 통해 값을 다 지불하고 성령을 선물로 주셨습니다. 예수님이 십자가에서 "다 이루었다"(요 19:30)고 외치신 것은 '값을 다 지불했다'는 의미입니다. 이것이 곧 속량의 은혜입니다. 성령은 최고의 선물입니다.

"베드로가 가로되 너희가 회개하여 각각 예수 그리스도의 이름으로 세례를 받고 죄 사함을 얻으라. 그리하면 성령을 선물로 받으리니 이 약속은 너희와 너희 자녀와 모든 먼데 사람 곧 주 우리 하나님이 얼마든지 부르시는 자들에게 하신 것이라 하고."(행 2:38~39)

예수님은 "나를 믿는 자는 그 배에서 생수의 강이 흘러 나리라"고 하셨습니다. 성령 충만의 비결은 행위가 아닌 믿음입니다.

지금 당신의 배에서 생수의 강이 흘러 나고 있습니다.

이 사실을 믿으십시오.

성령님과 친밀하게 교제하는 삶을 살라

당신은 성령님과 친밀하게 교제하십니까?

나는 매일 성령님과 친밀하게 교제합니다. 방법은 쉽습니다.

네 가지 곧 '얼대모도'를 깨닫고 실천하면 됩니다.

"성령님의 얼굴을 보라."

"성령님과 대화하라."

"성령님을 모시고 다녀라."

"성령님께 도움을 구하라."

나는 모든 일에 성령님을 인정하고 존중합니다.

어디를 갈 때 "성령님, 함께 가시지요."

아침에 막 일어나서도, "성령님 안녕하세요?"

승강기를 탈 때에도 "성령님, 같이 타시지요."

마을 뒷산을 오를 때도 "성령님, 같이 운동 갑시다."

어떤 문제가 생기면 "놀라우신 성령님, 저를 도와주세요."

당신도 범사에 성령님을 인정하기 바랍니다. "너는 범사에 그를 인정하라. 그리하면 네 길을 지도하시리라."(잠 3:6)

어떻게 하면 될까요? 순간마다 이렇게 말씀드리면 됩니다.

"존귀하신 성령님, 오늘도 성령님과 함께 말하고 생각하고 듣고 행동하며 모든 것을 성령님과 나누기를 원합니다."

"성령님, 성경책을 읽고 있는데, 잘 깨달을 수 있게 도와주세요."

나는 늘 성령님과 대화를 하고 성령님께 말을 걸며 성령님을 인격적으로 대합니다. 성령님과 함께하니 행복하고 감사가 넘칩니다.

"성령님, 사랑합니다."

"성령님, 억만 번이나 사랑합니다."

나이가 들수록 머리가 더 좋아진다고 믿으라

나는 솔로몬보다 더 큰 지혜자가 되었습니다. 왜일까요?

솔로몬보다 크신 예수님이 내 안에 살아 계시기 때문입니다.

"심판 때에 남방 여왕이 일어나 이 세대 사람을 정죄하리니 이는 그가 솔로몬의 지혜로운 말을 들으려고 땅 끝에서 왔음이거니와 솔로몬보다 더 큰 이가 여기 있느니라."(마 12:42)

성령님은 예수의 영이십니다. 지혜와 총명의 영이신 성령님이 내 안에 가득히 들어와 계시기 때문에 나는 바보가 아닌 천재입니다. 그분으로 인해 하나님의 지혜와 명철이 내 안에서 강물처럼 철철 넘쳐흐릅니다. 당신도 그렇습니다. 사람들은 입버릇처럼 말합니다.

"나이가 들수록 머리가 나빠져요. 기억력도 안 좋아요."

그렇지 않습니다. 지혜의 영이신 성령님을 존중히 모시면 달라집니다. 나는 성령님 때문에 나이가 들수록 머리가 더 좋아진다는 것을 믿습니다. 나는 기억력, 집중력, 이해력, 창의력이 날마다 좋아지고 있습니다. 예수 그리스도의 영으로 가득 찬 나는 영원한 청년이며 열정으로 가득 차 있습니다. 나는 자신에게 이렇게 말합니다.

"넌 통찰력 있는 지혜로운 사람이야."

"넌 참 글을 잘 써."

"넌 몸이 건강하고 마음이 따뜻한 참 예쁜 사람이야."

그리스도 안에서 나는 새로운 피조물입니다. 내 안에 지혜가 가득합니다. 성령님으로 말미암아 내 안에 있는 150억 개 이상의 뇌세포가 최대한의 기능을 발휘하며 돌아가고 있기 때문입니다.

당신 안에 하나님의 지혜와 총명이 가득합니다. "그가 모든 지혜와 총명을 우리에게 넘치게 하셨다"(엡 1:8)고 했기 때문입니다. 예수님은 형제나 자매에게 '바보'라는 말을 쓰지 말라고 하셨습니다.

"그러나 나는 너희에게 말한다. 자기 형제나 자매에게 성내는 사람은 누구나 심판을 받는다. 자기 형제나 자매에게 얼간이라고 말하는 사람은 누구나 공의회에 불려 갈 것이요, 또 바보라고 말하는 사람은 지옥 불 속에 던져질 것이다."(마 5:22 새번역)

당신도 바보가 아닌 천재입니다. 이렇게 말하십시오.

"나는 천재다. 내 안에 하나님의 지혜가 가득하다."

내게는 많은 꿈과 소원이 있다

당신은 꿈이 있습니까? 다시 꿈꾸어야 합니다.

성령이 임한 사람은 늙은이라도 꿈을 꾼다고 했습니다.

"하나님이 말씀하시기를 말세에 내가 내 영을 모든 육체에 부어 주리니 너희의 자녀들은 예언할 것이요 너희의 젊은이들은 환상을 보고 너희의 늙은이들은 꿈을 꾸리라."(행 2:17)

나는 많은 꿈이 있습니다. 그리고 전능하신 하나님의 손에 나의 꿈을 다 맡겼습니다. 꿈꾸고 믿는 것은 나의 과제이지만 그 꿈을 초자연적인 능력으로 이루어 주시는 것은 그분의 과제입니다.

예수님께서 제자들에게 말씀하셨습니다.

"너희가 무엇이든지 기도하고 구하는 것은 받은 줄로 믿으라. 그리하면 너희에게 그대로 되리라."(막 11:24)

그렇습니다. 무엇이든지 하나님께 기도하고 구한 것은 성령 안에서 시간과 공간을 초월해서 이미 받았다고 믿고 기다리면 됩니다.

사람들은 쉽게 부정적인 말을 내뱉습니다.

"나이를 너무 많이 먹었잖아. 60이 넘어 무슨 꿈을 꾼다고."

자칫 안일하게 살아갈 뻔했던 내가 다시 꿈을 꾸게 되었습니다.

성령님은 내 마음에 어떤 강렬한 소원을 불러일으키기도 합니다.

나는 성령님과 동행하면서 남은 생을 꿈과 믿음으로 아름답게 꾸려 나가기 위해 긴장감과 함께 늘 깨어 있습니다.

미국 전 대통령 지미 카터(Jimmy Carter)는 말했습니다.

"늙는다는 것은 무엇일까? 꿈이 사라졌을 때 늙는 것이다."

우리 집 안방 벽에는 내가 원하는 꿈을 사진과 함께 붙여 놓았습니다. 노트에도 200개가 넘게 꿈과 소원을 적었습니다. 하고 싶은 것, 갖고 싶은 것, 먹고 싶은 것, 가고 싶은 곳, 배우고 싶은 것 등.

당신도 꿈과 소원 목록을 맘껏 적으십시오.

나는 꿈을 많이 꾸고 크게 꿉니다.

성경에는 요셉이 꿈쟁이로 나오는데, 그는 야곱의 막내아들로 어렸을 때부터 화려한 옷을 입으며 아버지의 사랑을 듬뿍 받고 자랐습니다. 어느 날 꿈을 꾸었는데, 밭에 묶어 놓은 곡식 단들이 모두 요셉의 곡식 단을 둘러서서 절하는 것이었습니다. 그는 또 다른 꿈을 꾸었습니다. 해와 달과 열한 별이 자신에게 절했는데, 그것을 눈치 없이 형들에게 다 얘기했습니다. 이로 인해 요셉은 형들에게 미움을 샀고, 형들은 그를 미디안 상인들에게 팔아넘겼습니다.

이때부터 요셉은 애굽에서 종살이를 했고 또 억울하게 누명을 쓰고 옥에서 파란만장한 세월을 보내야 했습니다. 하지만 마침내 하나님께서는 그런 요셉을 애굽의 총리로 세우셨습니다.

요셉은 비참한 현실 때문에 한동안 꿈을 잊고 사는 듯했지만 그 안에 잉태된 꿈은 성령 안에서 자리를 잡고 소리 없이 무럭무럭 자라고 있었습니다. 그러다가 자기도 모르는 사이에 어느 날 그 꿈이 이루어져 있는 것을 보게 되었습니다.

요셉은 꿈꾸었고 그 꿈대로 되었습니다. 당신도 나이가 많이 들었을지라도 꿈 노트에 맘껏 꿈을 적으세요. 100세가 넘도록 살 계획을 세우고 꿈과 믿음으로 남은 생을 활기차고 당당하게 사세요.

인생은 꿈대로 믿음대로 다 됩니다.

매일 감사가 넘치는 삶을 살라

당신은 매일 감사가 넘치는 삶을 살고 있습니까?

나는 하나님의 자녀가 되어 권세를 누리며 사니 모든 게 감사할 뿐입니다. 우리 집에는 결혼 전에 서예를 하시던 직장 상사가 써 준 성구가 액자에 담겨 거실 중앙에 걸려 있습니다. "항상 기뻐하라. 쉬지 말고 기도하라. 범사에 감사하라. 이는 그리스도 예수 안에서 너희를 향하신 하나님의 뜻이니라."(살전 5:16~18)

이 말씀대로 온 가족이 살면 좋겠다는 생각에 우리 집 가훈으로 정했고 아이들이 학교에 다니면서 가훈을 적어 오라는 숙제가 있을 때 적어 가기도 했습니다. 우리 가족은 범사에 감사하는 습관을 가지고 평생 감사하며 삽니다. 당신도 그렇게 살면 어떨까요?

언어의 습관은 매우 중요합니다. 기왕이면 부정적이고 비판적인 말보다는 긍정적이고 건설적인 말을 해야 합니다. 주변에 있는 사람들을 무너뜨리는 것이 아닌 세워 주는 믿음의 말을 해야 합니다.

나는 궂은일이 있든 기쁜 일이 있든 항상 기도하고 감사합니다.

지금 이 책을 쓰고 있는 중에 전화벨이 울려서 받았습니다.

아파트 주차장에 주차된 자기 차를 내 차가 닿아 흠을 낸 것 같으니 와서 확인해 보라는 겁니다. 순간 불안한 마음이 생기면서 '주차 잘한 것 같은데? 무슨 일이지?'라는 생각이 들었습니다.

나는 성령님께 도움을 구하며 나갔습니다.

"성령님, 제 마음에 평강을 주세요. 그리고 차분하고 지혜롭게 잘 대처할 수 있게 도와주세요."

내가 후진하면서 옆에 주차해 있는 차를 살짝 긁었는데 그걸 감지하지 못하고 그냥 집에 들어왔던 겁니다. 나는 그분과 간단하게 대화를 나눈 후에 보험회사에 사고를 접수하고 왔습니다.

"성령님, 감사합니다. 당황스런 상황이었는데, 평안한 마음으로 잘 처리하게 해주셔서 감사합니다."

별것 아닙니다. 인생에는 접촉 사고가 있기 마련입니다.

나는 그 모든 일에 대해 감사했습니다.

한 때 양파 실험하는 것이 유행할 때가 있었습니다. 나도 아이들이 어릴 때 함께 직접 실험한 적이 있는데, 한 양파에는 '미워'라고 써 붙이고 한 양파에는 '감사'라고 써 붙였습니다. 그리고 아침마다 일어나서 '감사'라고 써 붙인 양파에게 말했습니다.

"나는 너를 정말 좋아하고 너로 인해 하나님께 감사해."

그러자 10일 후에는 뿌리가 깨끗해지고 싹도 쑥쑥 잘 자랐습니다. '미워'라고 써진 양파에는 쏘아붙이며 "나는 너를 미워해"라고 말했더니 뿌리가 거무스레하니 썩은 것처럼 되고 순이 잘 자라지 않았습니다. '식물에게도 말의 위력이 통하는구나'라는 깨달음이 있는 귀한 시간이었습니다. 그래서 나는 그동안 아이들에게 긍정적인 말, 힘이 나게 하는 말만 하려고 노력했습니다.

좋은 말과 감사의 언어는 습관과 훈련을 통해 얻습니다.

습관 중에 최고의 습관은 날마다 감사하는 습관입니다.

어떤 사람에게는 무심하게 받아들여지는 것이, 누군가에는 깊은 감사 거리가 되기도 합니다. 나에게 있어 최고의 감사는 단연 예수님께서 내 대신 십자가에 못 박히시고 피 흘려 죽으심으로 말미암아 나를 하나님의 자녀로 낳아 주셨다는 속량의 은혜입니다.

"예수님, 억만 번이나 감사합니다."

가끔 사람들이 텔레비전을 보다가 화를 내거나, 대화중에 다른 사람을 거친 말로 비판하는 경우가 있습니다.

그때마다 내가 제동을 겁니다.

"그 말 취소하세요. 좋은 말만 해도 부족해요. 하나님이 듣고 계시잖아요. 비난하기보다 칭찬하고 감사하는 말을 많이 합시다."

당신도 모든 일에 감사하기 바랍니다. "항상 기뻐하라. 쉬지 말고 기도하라. 범사에 감사하라. 이는 그리스도 예수 안에서 너희를 향하신 하나님의 뜻이니라."(살전 5:16~18)

기도하고 기뻐하고 감사하며 삽시다.

당신을 축복합니다.

성령님, 지혜를 주세요

초판 1쇄 인쇄 | 2022년 9월 10일
초판 1쇄 발행 | 2022년 9월 20일

지은이 | 김열방 김사라 민두님

발행인 | 김사라
발행처 | 날개미디어
등록일 | 2005년 6월 9일, 제2005-44호
주소 | 서울특별시 송파구 백제고분로9길 6(잠실동, A동 3층)
전화 | 02)416-7869
메일 | wgec21@daum.net

종이책 ISBN : 9791192329291 03230
전자책 ISBN : 9791192329307 05230

종이책값 20,000원
전자책값 20,000원